游祥禾 七萬人教會我的事

關係 對話

在情緒的第一現場，從源頭調整，
做出正確的選擇，讓生命獲得正向關注的力量。

游祥禾——著

自序

感謝您願意翻閱這一本書。

與其說我花了三個多月的時間在逐字潤寫這一本書，倒不如說我為了這一本書已經準備數十年了。透過這本書，我期望打造一個療癒、揭示、記憶、探索、重生的庇護之地，一切已經準備就緒，我歡欣地把門打開，邀請你進來。好久不見，謝謝你記得我們有約。

我這十多年來只做一件事情：把自己準備好及為學生服務。然後，靜靜地等待學生的到來。我確實在世界各地四處與人對話，但其實，每當有人決定跨過門檻，進入更有意識、更療癒、更覺醒的狀態時，我就會出現在他們的人生中。

我花了好多年在探索自己，又再花了好多年回到這裡。過去這十多年來，我幾乎全心投入在教學與沉浸在自己的修煉道路上。

這一本書，就是我這些年旅程的成果，也是我至今相當重要的作品，它不僅為我帶來極大的轉變，也讓我的學生們經歷重大的轉化。我並非要急著表現「看看我有多厲害」，而是熱切渴望地到處去分享「這是七萬人教會我的事，我希望你也可以擁有它，並像我傳遞給你這樣的傳遞給更多的人。」

「當果實掛在枝頭，樹就彎下了腰。」樹上掛滿果實，而樹卻不因此驕傲，反而對眼前的奇蹟感到敬畏，因此充滿感恩謙虛地彎下了腰。

我的老師告訴我：

「祥禾，永遠記得，教導是一種服務，不要覺得自己有多了不起，反而要為自己日漸成熟的覺醒果實感到謙卑，心懷感恩。」

我也這樣教導了我的學生們，代代相傳。

「樂器因流經的音樂而受到祝福。」這本書是我枝頭上成熟的果實，我以莫大的愛將它獻給你。因為你們的參與及加入而讓我備受祝福、深感幸福；我榮幸且喜悅地將其中承載的禮物、指導、恩典、奇蹟、啟迪遞獻給你，就讓我們一起。

不論你現在的生活如何，我看到每一個內心強大的人，都曾咬著牙度過一段沒人幫忙，沒人支持，沒人噓寒問暖的日子。我們並非生來就是強者，我們並非無懈可擊，有時我們選擇一個人的堅強，並不是真的無堅不摧，不過是身後空無一人，實在別無退路可選。

誰的生活容易？最終，總得一個人走完所有的難。

一位詩人寫了不少的詩，但無人欣賞。為此，詩人很苦惱。詩人向禪師說了自己的苦惱。禪師笑了，指著窗外一株茂盛的植物說：

「你看，那是什麼花？」

詩人看了一眼植物，答道：「夜來香。」

禪師說：「對，這夜來香只在夜晚開放，所以大家才叫它夜來香。那你知道，夜來香為什麼不在白天開花，而在夜晚開花呢？」

詩人看了看禪師，搖了搖頭。

「夜晚開花，並無人注意，它開花，只為了取悅自己。」禪師笑著說。

「取悅自己？」詩人驚訝地說。

禪師笑道：「白天開放的花，都是為了引人注目，得到他人的讚賞，而這夜來香，在無人欣賞的情況下，依然開放自己，芳香自己，它只是為了讓自己快樂。一個人，難道還不如一株植物？」禪師看了看詩人，繼續說道：「許多人，總是把自己快樂的鑰匙交給別人，自己所做的一切，都是在做給別人看，讓別人來讚賞，彷彿只有這樣才能快樂起來。其實，許多時候，我們應該為自己做事，我們人生這一遭，都沒能好好完善展開自己，自然快樂不起來。」

詩人笑了：「我懂了。一個人，不是活給別人看的，而是為自己而活，要做一個有意義的自己，要為了更好的自己去順勢展開。」

禪師笑著點了點頭，又說：

「一個人，只有取悅自己，才能不放棄自己；只有取悅自己，才能提升自己；只有取悅自己，才能影響他人。要知道，夜來香夜晚開放，可我們許多人，卻是枕著它的芳香入夢啊。」

任何一種好心態，並非一朝一夕就能促成，都需要在日積月累的經歷和教訓中，得到修煉和完善。

也許，我們曾經因為別人一兩句挑釁的話，就大動肝火，可最後你會發現，與其控制別人的想法和說法，不如控制自己的情緒和脾氣，這才是可行的。

也許，我們曾經為了一兩件雞毛蒜皮的小事，非要較高下，分輸贏，論對錯。到最後你終會意識到，任何的對峙和僵持都是徒增煩惱，即使你贏得了爭鬥，也會輸了心情。

也許，我們都曾為了他人的惡意抨擊、詆毀和嘲諷，而變得憤憤不平，甚至非要去問個緣由，探個究竟。但最後你會明白，只要問心無愧，何必去糾纏到底？

那些說了只是為了發洩情緒，卻沒有實際意義的話，能不說，就不說；

那些做了只會引起爭執，而無法解決問題的事，能不做，就不做。

感恩那些還陪在身邊的人，豁達面對那些離開的人，更要善待所有出現在你生命中，那些為數不多的有緣人。每個人，都有屬於自己的生命故事。或好或壞，或對或錯，或快樂，或痛苦。不必去糾結、去在意、去介懷，因為正是這一切，雕刻出了今天的你，也引導你走向了你應該成為的那個人，好美、也好好看。

孫悟空曾經說過一句話：

「我若成佛，天下無魔；我若成魔，天奈我何？成佛成魔，皆在你的一念之間！」

人啊，活著就應該像孫悟空一樣，瘋狂過、拼搏過、成功過、失敗過、努力過、憎恨過、挫折過、無奈過、孤獨過、懊悔過、輝煌過、奮鬥過。他什麼都有過，唯獨從來沒有害怕過。

人生在世，就是不斷的經歷，任何時候請記住自己的理想，堅持自己的夢想，不斷昇華自己的思想。只有苦練72變，才能笑對81難。

希望你我，都能為自己的真實內心而活，不用向任何人證明自己，活成自己最想活成的樣子。越接近終點，我越是覺得彷彿又回到起點……這樣的人生，學會輕裝前行，再來一回又何妨！

期待這本書能為你帶來啟發與幫助，並帶來潛移默化的改變。

游祥禾　二〇一九年五月三十日　於台北

目錄

前言

七萬人，是一個極度保守的數字。或許早已突破八萬、九萬，甚至更多，繼續統計下去也沒多大意思，因為前兩百個人問的問題，跟之後累計到七萬人所講、所問的都大同小異，基本上真的差不了多少，是不是很有趣？

從二〇〇六年至今，有一件事情更有趣：這七萬人，經過了這些年後，在生活中能夠真正改變，讓自己提升向上的人，比例卻不多。

怎麼會這樣？

我萬萬沒有想到，最後改變最多的人，竟然是我自己。

不論在哪個國家、城市，總有一群人排隊等著拍照、簽名，眼前如此真實的發生彷彿像是一場夢。有人看到我時而緊張、時而興奮，甚至尖叫的，工作人員或周圍的學生會很興奮又焦急地跟我說：

「老師，你現在千萬不要出去，你只要一出去就回不來了，會被包圍。」

七萬人到底教會我什麼事情？

關於成功，你覺得有錢人比較容易成功，還是貧窮的人比較容易成功？

我有認識很有錢的富翁，他們這麼成功，全都是因為家裡環境不錯，有個富爸爸，從小就與成功做朋友，所以他的成功，看來是這麼的理所當然；但是，我遇到更多在事業上也相當成功的人，他們的表現絲毫不輸給那些富爸爸的二代們，這些人告訴我，現在會這麼成功，都是因為他們從小過著你無法想像的貧窮生活。

原來，成功這件事情，不是因為他家裡有錢或我們的出生貧困這樣的說法。一個人是否成功，跟有沒有錢一點關係都沒有。再者，成功的定義，也不該只是用財富來衡量。

你的成功定義是什麼？

為什麼至今還沒有達到你想要的人生目標？

我們停在此刻的狀態多久一段時間了？

不論你的說詞是什麼，這些讓你原地踏步、不得已的苦衷，在多數成功人的眼中，恰巧是他們邁向成功的主要原因。

問題不在外在，是內在出了問題，一直都是人的問題，是自己的問題，與他人無關。

我們都曾經在夜市看過一些殘障人士趴在地上，旁邊放個紙箱，希望逛夜市的你我經過身旁時，可以隨手捐一些錢給他們。只要在台灣的朋友，對這景象應該不陌生。

二〇〇九年，我去夜市想買點日常用品，遠遠地看到了一個乞丐蹲坐在地上，他不是殘障人士，就只是在路邊行乞。

我蹲了下來好奇的問了他：

「你幾歲了？當乞丐幾年了？」

我偶爾會有這些舉動，為了滿足當下的好奇心，我會去找出答案，而答案就在當事人身上，開口問就可以獲得。最讓我感到好奇的就是，多數人對自己是不好奇的，他們從來不會為了自身喜怒哀樂的情緒反應而感到好奇，很少人會去思考追問這些反應從何而來。如此，自然就更不會對周遭眼前的人事物產生好奇了。

「為什麼要當乞丐，看起來人模人樣的，當乞丐有比較好嗎？你這樣一個月可以有多少錢啊？」

當時的我，正是人生最黑暗的時期，我也窮到過不下去，泥菩薩過江，自身難保。

「最好的一次，一天有過三千多元，但每個月差不多都在台幣一萬多。前面路口有一位殘障人士，他應該是這裡最多的，是我的好幾倍。」

我眼前的這位乞丐，思緒相當清晰，表達能力完整，這是讓我感到驚訝的。再者，山窮水盡的我，聽到行乞的收入也讓我心動，我是不是乾脆專行當乞丐好了？

「你還比我有錢耶。」

「我除了當乞丐，不知道自己能做什麼？」閒談間，發現我們兩個竟然同歲。

他離婚了，有一個孩子，他很想他的孩子：

「但你看看我現在的狀況，我有什麼臉去找我的孩子？」

「為什麼不去便利商店打工呢？速食店也可以啊！」我站起身去隔壁的提款機領了我的所有財產——六百元——全給了他，叫他去把頭髮剪一剪，買件便宜乾淨的T恤吧！

他後來真的去剪了頭髮，穿了件乾淨的衣服，找了一份臨時工。誰會知道這一位營業額上千萬擁有二十多位員工的企業家，十年前曾經是一位乞丐。他說我是他生命中的大天使，我倒覺得是他的故事豐富了我的演說與創作，他才是我的天使。

我對話的這七萬多人，不乏各個國家的政治人物、知名藝人、企業家，當然也有家暴的、離婚的、喪偶的、遭人背叛的、生病的、在關係上痛苦的，我相信發生在每個人生命中的所有故事，全是不可承受的苦痛，但它最終一定是一份禮物，教會我們看懂自己。

我也有我自己的生命故事，只是我從來沒想過這些讓我痛苦難受的事件，竟引領我走向創作、出書、甚至在世界各地授課演講，這是一段多麼美麗的蛻變。回想起來，不過就是單純的開始對身旁的朋友產生好奇，啟發他人，我只是開口問了身邊的第一個人：

「你開心嗎？」

多年後，我創立了自己的品牌、在世界各地有了成千上萬的學生、站上了國際舞臺分享我四處與人對話的生活方式。

是的，在他人眼中，我幫助了七萬多人，但我心裡知道，是這七萬多人幫助了我，是他們給了我力量，讓我成為現在的樣貌。

我們正在一點一滴地改變，這樣的改變慢到你不知道你已經改變了，但又快到你還來不及反應，就已經成為更好的自己了。

只管低頭走好自己腳下的路，有一天你抬起頭突然發現，原來你早已經活成了很多人羨慕的模樣。

你，會不會這樣？

無法專注，一拖再拖

我們非常確定自己的腦袋是清醒的，但在工作及生活中，就是沒有辦法專心做好一件事情。我們很想完成它，卻不知為何更加拖延，手上這些工作，早在半年前就應該要結束了，現在卻還沒結束，縱使迫在眉睫，依然不想去處理它。

想想看，有沒有什麼是你想要去做的，經過了兩天、十個月、三年了，我們還在當初那個計畫籌備階段，就是不能貫徹完成它？

進步很慢，收效甚微

我沒有一拖再拖，我也很努力去執行，我對自己是很自律的，從來不拖延，但就是進步很慢，似乎看不到什麼效果。這就好像通貨膨脹，明明有賺到錢，但卻是賠錢的。

我的努力大家都有目共睹，也相當肯定我的付出與認真，可是卻沒看到實質的效果。學如逆水行舟，不進則退，我甚感焦慮，感覺像是在原地踏步、毫無頭緒。

無從下手，無法應用

眼前的事情，不知道該從哪開始處理，只能停在某種狀態。好比一個感到飢餓卻不會煮飯的人，即便眼前一堆食材，卻只能站在廚房發呆，手上握著菜刀卻不知道該拿起哪一樣菜，毫無頭緒，完全不知道從哪裡開始。

生活中，我們隨時都會遇到許多狀況，我們不知道該怎麼處理這些問題，我們很想現在就開始執行，但卻束手無策，焦頭爛額。我們沒有辦法改變我們的態度，一籌莫展，無法應用。

解決問題，製造問題

我們只想趕緊解決問題，最後卻變成製造問題的人。誰不想解決問題，問題也沒有我們想像中的如此困難，既然如此，為何到最後反而出現更多棘手難處理的問題？永遠有處理不完的問題，這樣是正常的嗎？

小孩子總是很開心熱情的跑來幫忙，要自己倒奶粉卻撒了一桌子；想自己吃飯，卻吃得滿地食物；想幫忙倒垃圾，結果弄得垃圾滿地。我們跟小孩子有什麼兩樣，想要給予他人幫助，最後卻越幫越忙。明明是要解決問題，最後卻在製造問題，在他人眼中，我們是個麻煩製造者。

情緒不穩，關係停滯

一些無傷大雅的話題，為何可以反應的如此激烈？我們控制不住自身的情緒，體內像是裝了無數顆的未爆彈，地雷遍布全身，隨時都可以引爆。我們的關係卡住了，感受不到溫暖，人生也將停滯不前。

只要提到男朋友、女朋友、主管、爸媽、同事，或者樓上樓下的惡鄰居，我們就開始緊繃、心跳加速，接著變成了另一個人。磨牙、失眠，覺都睡不好，想吵架、想逃避、想跳樓一了百了，我們不知道自己怎麼了。

我真是受夠了。

外面的世界好精采

關鍵字，災難、浩劫

上網搜尋以下關鍵字：「災難」、「浩劫」，你會發現這個世界太精采，天天都有事情發生。我們的大地之母——地球，她到底發生了什麼事？空難、船難、鐵路脫軌，還有火災、土石流、恐怖活動、核子事故、工業災難、大屠殺、建築物倒塌、環境汙染、溫室效應、飢荒、暴動、海洋垃圾、動物絕種、食物鏈改變⋯⋯，實在是太多了。

我在上海遇到一個年輕人，他被評為九〇後的成功楷模，媒體報導說他的身價超過十億人民幣，成就相當驚人，人人稱羨，他竟然小我二十歲，現在的年輕人真的都很有想法。

他是做垃圾處理的，媒體稱他為「垃圾王子」，同時也是個黃金單身漢。

「傻瓜，這個行業商機無限，這個世界的垃圾只會越來越多，我根本處理不完。」

他很有生意頭腦，先處理掩埋場的垃圾，將垃圾重新再利用，變廢為寶，等掩埋場清空之後，整片土地還可以拿來開發蓋大樓，大概是這樣的概念，將髒東西變成變黃金，是一位非常優秀的年輕人。

他賺了很多錢，跑來坐在我旁邊跟我開心的分享他買了什麼車，上個月才又去看了直升機，他想買一台。他對著我在談論這些時，眼神確實閃爍著光芒，但在光芒的背後，我看到的是一片黑暗與無力感。我第一時間感覺得出來，他的狀態不好。他不開心，所以一直講著讓自己開心的話題。人不開心的時候，更傾向選擇談論一些可以讓自己開心的話題。

「你這麼會處理垃圾，那你自己身上的垃圾都怎麼清除呢？」

他不是不懂，只是不覺得像這種內在的概念需要拉高到某種高度來談論。

「你知道我現在有多少員工要養嗎？賺錢都來不及了，伙伴們的夢想不能等，現在這機會不好好把握，之後能不能還在這風口浪上誰曉得呢……」

人力物力財力，源頭沒有改變

瘦到皮包骨的北極熊、某種動物即將絕種、溫室效應、氣候變遷，只要聽到類似這樣的新聞或影片，我們多數是心有戚戚焉，甚或發動吃素、響應環保。全世界的領袖、企業家、老百姓們，全都發心的參與了這一類的愛心活動，大筆大筆的預算、捐款，我們從自己做起，拋磚引玉，期望自己能為我們共同的家園做點什麼。

垃圾王子說垃圾永遠不會減少，因為人會一直製造垃圾，我們不僅跟其他物種的動物搶奪生存的空間，現在還要跟我們自己創造出來的垃圾搶奪土地。我們受到威脅，開始落實垃圾分類，我們花了多少人力、物力並且透過媒體不斷的呼籲，但垃圾依然沒有一天少過。

談到這些災難，只要是公益、環保，大家出錢出力，多數人還是願意的。氣候變遷、水土保持、環境汙染、甚或是流浪狗保護等等，現在還出現了地球第六第七第八大洲——海洋垃圾，竟然比一個墨西哥國土還大，所有的海洋動物只要路經此地，無一倖免。

除了各國的大筆預算，還有不計其數的人民每月扣繳的善款，這金額實在太過龐大了。我們花了如此多的人力、時間、經費，依然沒能讓北極熊活下來，海洋生物依然處在危險的環境中，氣候更加惡劣了，氣溫持續的上升，這一切的災難，並沒有因為我們花了錢、立了法就能改善，反倒每況愈下，為什麼？因為源頭沒有改變。重點不在災難本身，不在我們怎麼立法、不在我們研發了什麼黑科技，是源頭沒有改變，我沒有聽到有誰公開大聲疾呼談及源頭——也就是我們自己——誰會承認自己是造成這些災難的源頭，但這些都是事實。

人類現在面臨最大的災難 - 心靈災難

人類現在真正面臨到的最大災難是什麼？**「心靈災難」，這才是所有災難的源頭**，但我們似乎還沒意識到這樣的危機。我在世界各地演講，多數人確實願意為所有災難做出努力，但對於源頭——心靈災難——出了問題，我們卻無動於衷，我聽不到有人在談這件事情，整個普世價值鮮少有人提及。

心靈災難解決了，前面所提及的災難或浩劫，自然也會跟著減少，心靈才是需要我們花最多人力、物力、財力去呼籲、去推廣、去改變的。

明明我們都願意為所有災難付出，但對於我們自身的心靈出了問題，我們卻不願意主動投入，源頭出了問題，外在世界的災難永遠不會停。

心靈對我們人類造成了多大的傷害？生活、家庭、關係、工作、團隊，我們花了時間處理外在看得見的事情，卻對看不見的源頭，一無所知，不以為意。**我們生活在數字、績效、速度的環境中，關於個人發展與自我成長，早已被歸為興趣類別的選修範疇，可有可無，一點都不重要。**

無知才會帶來恐懼

有一回，我在街上的舊書攤上翻到了清朝慈禧太后的生平傳記，裡面講到，有個外國人拿了台相機到了中國，很興奮的要幫所有人拍照，慈禧非常不喜歡，覺得這是洋人玩的玩具，我有自己專屬的專業畫家，畫得這麼漂亮，栩栩如生，可那一台是什麼東西，拿在手上閃了一聲，還出現一到白光，嚇死人啊。

慈禧並沒有因為這玩具感到興奮，反倒認為一定是挖了真人的眼睛裝在裡面，它是邪魔歪道，是不吉祥的，只有洋人才會想出這樣的方法。大家流傳著只要被這相機的光照射到，你的魂神意魄志就會被吸走了，這玩意兒一定是妖魔鬼怪來著。朝野議論紛紛，無不充滿恐懼。慈禧下令，全中國不准再有此物出現。

我當時翻到這故事時，覺得挺有趣的。現在看來，當然覺得怎麼會這麼荒謬？這荒謬來自於我們虔誠信奉著心中的無知信念，無知會帶來恐懼，我們不想面對，習慣抗拒它。

好比災難，災難嚴重影響到我們的生活，我們想盡辦法處理，但災難的源頭，心靈出了問題，我們不願意去面對自己內心的聲音，假藉普世價值對心靈的刻板印象來打擊心靈、銷毀心靈，不准這樣的概念再出現，認定這就是荒謬、怪力亂神，無稽之談，更顯示出我們對於心靈的無知，無知自然帶來恐懼。

七萬人都在問什麼？
追求什麼？

聰明的個體陷入群體就容易變得腦殘失能！

我們大多數人是聰明的、理性的、冷靜的，但一旦陷入群體或成為群體的一部分，就容易變得迷信、盲從、愚蠢、暴力：

1. 群體不推理，只急著採取行動。
2. 群體衝動、急躁，易受暗示和輕信。
3. 群體的智慧，低於個體的智慧。
4. 群體充滿原始的暴力和嗜血的慾望。
5. 群體的道德水平十分低劣。

所謂烏合之眾就是，再聰明的人都有腦殘的潛質，並且很容易被開發成功。

「一旦融入一個群體，你就會傳染上他們的動作、習慣以及思維方式，做出一些荒唐可笑但毫不自知的事情。」

現在這時代，橫亙在人群中最幽深的分野，已經不是信息多寡所形成的「知溝」，而是判斷力強弱所分化出的「智溝」。

無論我們行為有多麼激情萬丈，我們的慾望永遠是其他人的慾望，由他們定義，並受制於他們。我們的人生根本不是我們自己的人生，我們不過是扮演著他人為我們預設的角色，我們演繹的是別人為我們寫好的腳本。

我們其實一直都在垃圾桶裡待著，這個「垃圾桶」的名字叫做意識形態，意識形態的能力就是讓我們看不到自己究竟身在何方，奴役我們的並只不是現實，更多時候是我們覺察不到的社會意識。

我們以為那是夢想，永不妥協放棄。

這一困境的悲劇之處在於，當我們被意識形態控制，那麼，我們以為自己逃進了夢境，脫離了意識形態，實際上我們正處於意識形態之中。

那到底，七萬人都在問什麼？追求什麼呢？

答案是：妻、財、子、祿、壽。

妻（婚姻感情家庭）

「這個女人可不可以娶？」

「你覺得我這一個男朋友好嗎？」

「我可以跟這個女生交往嗎？什麼時候追求她會比較適合？」

「他會愛我嗎？會對我很好嗎？」

「這個人會幫我嗎？是我貴人還是小人啊？」

「我要去這家公司好還是去那家公司？哪家公司對我比較好？」

這些提問我們隨時聽得見，或許我們就是那位提問的人。我們會參考星座、或者找人算命、還是請人來公司或家裡改變坐向、調整風水、也有人會去找心理諮詢師。當然，最省錢的方式就是找朋友或閨蜜聊聊。我們從這些人的身上得到了專業的建議與答案，然後呢？一帆風順了嗎？如果沒有，肯定是他們不夠專業，我們要再找更專業的。

只要是聽到來問這些問題的，我腦袋就會浮現三個字——「神經病」。我常常對來訪者說，那個人（那間公司）一定是福報不夠才會被你這樣的人纏上。

你是誰啊？憑什麼？

你說，這個男人不好、這家公司太差……，這些都是結果，不是原因，我們在結果上打轉，只是讓問題變大，反而製造了更多的問題。我們要去處理的是問題源頭，而不是一直追問那如果我換了另外一個女的是不是就比較好、如果我換另一間公司是不是就會順利舒服多了？

在你眼前這位大師，或許關係混亂、交友複雜，你還問大師可以跟這女孩子結婚嗎？我的婚姻會順利嗎？我的感情何時會有桃花？多數人真的還不太會分辨，依然對一身習氣的大師，景仰、認同、膜拜。

曾經有個男生急著跑來找我，給了我九個女生的名字，請我幫他做決定。

「我已經找了三個老師幫我算了，但老師們給的答案都不一樣，我現在也不知道到底該娶哪一個才好，我過幾天打算要求婚了，所以可以請老師您幫我看一下哪一個才是對我好的、有幫夫運的、聽話、有婦德、會照顧我父母的？」

我當下心裡想的是，又一個二百五跑來調戲我老人家的，這有什麼好算的？我很中肯的告訴這年輕人：

「你行行好，放過這九位姑娘吧！」

這男生回了我：「是啊，我只要一位，其他八位我通通會放下了，到時候這八位全部可以介紹給老師您認識，她們真的都不錯。」

這就是眾生，**多數人只想要答案，卻忘了自己才是最大的問題**，我們到底是怎麼在解決問題的？我們會解決嗎？解決完了嗎？

財（財富收入消費）

談到錢，有沒有人是不喜歡的？我也很愛錢，可是很多人可以為了錢，連朋友、夫妻、家人，甚至是命都不要了。

我們每天一起床，睜眼閉眼都是錢，眼睛裡全都是金錢符號，有錢的感覺多開心啊，白花花的銀子呢，錢多好做事啊！

「我做這工作待遇會比較好嗎？」

「我可以跟老闆要求加薪嗎？」

「我以後會有錢嗎？會有多少錢？」

「我老公以後賺的錢會給我嗎？他會很有錢嗎？」

又是一模一樣假設性的問題，真的很讓人崩潰！

我們好像很怕別人不知道我們的生活有多愜意富裕，就是要讓大家知道自己買了一台跑車、住進了這一區的豪宅、很霸氣的買了個名牌包、穿上一件要價不斐的春裝、開心和大家分享老公送了你多麼大顆的鑽石……

我們活在一個攀比的世界，以為這樣會讓自己開心快樂，看看這些習慣用金錢堆砌起生活的人，你真覺得他們擁有幸福美滿的人生嗎？這些舉動只是更加凸顯了內心的匱乏。

只要談到關於可以讓自己的收入增加、創富的議題，不論是節目、書籍、課程、講座，一下子就爆滿了，所有的人都會往那裡去，我們聽著看著眼前的這些人激昂的告訴你他們是如何快速地成功，他們的人生就好像是神話一般，現場的所有人都在口耳相傳四處傳送著他們是如何發跡致富的傳奇故事。

你可以想像一下嗎？眼前的這些人，包含我們自己，我們是不是想錢想瘋了？不斷渴望金錢，卻成了隨波逐流的同溫人。

子（親子美食娛樂）

台灣有一家出版社找上我，希望我替他們手上一位專門寫親子管教的作家寫推薦序，這出版社寄了草稿給我，那本書我放了三個月，念不到十頁，我把書給放著去做其他事了。以我這麼愛看書，對書愛不釋手的人，竟然對這一本親子管教的書唸不下去。為什麼？

「只要用這三招，就能讓你小孩聽話。」

「如何讓小孩閉嘴，靠這五招。」

「孩子一秒失控怎麼辦，教你絕地大反攻。」

這些套路式的標題與內容，真的很讓我難以下嚥，可是就是要用這些話術才能獲得家長的注意，家長們想要的就是獲得越快越有效的方法，腦袋聰明的商人們滿足了家長的需求。我們花了一堆時間跟金錢，學了一堆透過控制與干預來達到親子教養的方法，這種治標不治本的方式，最終，我們的孩子成了什麼樣子？

很多爸媽們就會問：

「我的孩子長大之後會好嗎？」

「我的孩子成績會好嗎？能念到好的學校嗎？」

「他們長大會孝順嗎？」

「我孩子要娶老婆了，這媳婦跟我會有衝突嗎？」

「我的孩子要創業了，事業會穩定嗎？」

聽到這些提問，我再度崩潰！

有一回，我在四百多位有0～6歲小孩的媽媽的場合演講，她們告訴我，孩子在亂的時候，你知道我們這些媽媽們多痛苦嗎？控制與干預才快啊，這也是整個社會的主流啊，電視上、書籍裡的專家提供了很多方法啊，真的很有效的……

專家？你們知道有多少親子專家私底下跑來問我該怎麼跟他們自己的孩子溝通嗎？唱片賣的好，或許可以成為主流，但歌就一定是唱得最好的嗎？很顯然不是這樣去定義的。

偶像歌手一出唱片立刻佔據各大排行榜，偶像的粉絲多數都是什麼族群的？學生。等這些學生們長大了，會發現，奇怪，我以前怎麼會喜歡這一位偶像呢？主流不一定代表真理。

父母親來找我，通常都不問自己，他們開口閉口都是孩子，他們只問說：

「你可以看看我的孩子嗎？」

「你的孩子？你的孩子怎麼了？他人呢？」

「喔，我沒想到要讓他來，他在家。」

「孩子沒來，但爸媽急著跑來幫他掛號？你們能代表孩子回答嗎？你們瞭解他嗎？」

爸媽們會說：

「是的，我們很瞭解他。」

我會滿臉狐疑的再問：

「既然很瞭解他了，那怎麼會跑來問我他的事？你們沒有覺得很矛盾嗎？」

父母都說了解孩子，但對於孩子的近況或心理狀態卻又一問三不知，可怕的是父母身旁的人還可以協助做出專業的評估與判斷，如何對付孩子才能藥到病除？

最無辜的永遠是不在現場的孩子，最有問題的就是父母親跟身旁那些沒見過孩子卻古道熱腸的指導者。

美食之旅根本是人間一大樂事，只要講到要去哪裡玩總會讓人感到特別開心，人都還沒出發，就已經開始進行療癒了，我們努力了大半年，就是為了這一趟的旅行，怎麼會不讓人感到興奮失眠呢？

我們樂於和人分享新鮮、有趣、好玩的食物與場所，每到一個地方就要打卡一次，我要讓全世界知道此刻的我有多快樂，這也顯示了我多麼樂於分享生活。我們因為好吃跟好玩而感到快樂，這樣的體驗很棒，所以我們不斷的去尋找探索哪裡有更好吃、更好玩的新鮮事，可惜這樣的新鮮事沒辦法天天發生在我們的生活中，我們需要工作、照顧家庭。好吃、好玩成了我們的一種寄託，少了它們，我們無法呈現快樂的狀態，我們早就嗜血成癮。

假期的功能與目的應該是為了讓我們充飽電的去迎接明天的戰鬥，很顯然的，我們多數人在假期結束後，個個都像洩了氣的皮球。

只有你快樂了，你露出微笑了，眼前的食物與場合就會變得不一樣。你不一定非得飛出國，你在家也能感受到快樂與幸福，走在街上也能感覺陣陣涼風令人輕舞飛揚。很可惜的是我們都被好吃、好玩的表象給徹底綁架了。

祿（工作升遷名聲）

「我這個工作有機會升遷嗎？」

「老闆會重用我嗎？」

「這工作有前途嗎？會不會是一個坑啊？」
「我要去哪家公司上班比較好？」
「下一間公司會比較有發展性嗎？」
「公司希望我接主管，我要答應嗎？會被陷害嗎？」
很多人真的只是來要答案的，但其實他們心裡早就都有底了，如果答案跟他們心中預期的不一樣，他們會再去問下一個人，誰符合跟他心裡預期的答案一樣，那個人就是他們認定最厲害的。他們只是需要有人認同罷了，會不會去執行又是另一回事了。
我們當然在意工作及升遷，也都希望能夠待在一家令人稱羨的幸福企業，暢通的升遷管道、合理的薪資報酬、愉快的工作環境。在我們遞出名片的那一瞬間，多風光啊！
我們在這公司已待了好長一段時間，升遷無望，薪水也沒調整過，因此萌生退意，這是人之常情。終其一生，我們都在追求工作上的成就，期望自己能夠得到更高的名聲地位，透過工作，成為家人及所有人的驕傲。
人生有夢，活著才有意思，所以我們追求夢想，赴湯蹈火皆在所不惜。只要談到夢想，人人都可以變得很熱血，但那真的是我們一心追求的嗎？抑或是在集體意識操作下的喪屍？是熱情還是喪屍，半年後，歐不，或許只要再更短的一些時間，便知分曉了。

壽（健康年輕長壽）

我從來不知道，讓自己變年輕、變漂亮會吸引這麼多人崇尚追求，你只要拋出這個議題，便會立刻引起周圍人的熱烈反應。

一天在飯局上，其中一個女孩子說她剛去做臉，我以為是護膚保養，原來是去整型，不是小針美容哦，她硬是把臉給削去了大半，只是我沒看出來。

我接著問：

「現在整型的人真的很多嗎？去醫美的人多嗎？為什麼我身邊沒有這樣的人？」

現場的女孩子全部跳起來鼓噪著：

「是你不去注意而已啦，一堆人的五官早已不一樣了。」

我以為大家在意的只是健康，但看來追求年輕貌美不要健康的，也是大有人在。我再一次仔細地看著這位進廠大改造的女孩子，很年輕，三十多歲，看起來像是個充氣娃娃，我說不上來哪裡怪，或許是因為她有體溫吧，而這些充氣娃娃身旁的好朋友們，也全都是充氣娃娃。

不談、不做這些，就不會生活了

整個社會就是在追逐這五件事情，妻、財、子、祿、壽。

我們試著想像，一整天下來，如果把以下內容從對話中抽離刪除：感情、婚姻、關係、收入、金錢、親子教養、美食、娛樂、工作、升遷、職場、績效、健康、漂亮、年輕、貌美、保養，你的生活還剩下什麼？我相信大多數人不會生活了。

環境讓我們以為自己只能聊這些，好像也只會聊這些，而這些，就是我們每天的生活。從這對話內容去反推說這些話的人，你能聽得出來他們的工作職業是什麼嗎？你能想像的出來他們的人生目標是什麼嗎？還真的猜不出來。因為多數人只聊職場八卦，卻不聊他自己的工作專業；只聊主流趨勢，卻不聊理念初衷。

我們的生活，只要不談或不做這些，真的不知道怎麼生活了。

「我……」算了，跟錢有關，不能提；

「我……」啊，這也不能講，是工作的事情；

「你……」唉，不能提，這是關於旅遊的話題；

「她……」嘖，說不得，這是關於美容保養的內容；

「你知道嗎？我……」不行，這是關於我公司同事的八卦，也不能聊。

在有記憶以來，我們都是對自己的人生充滿的期待與憧憬，沒想到不過短短幾年，我們把自己生活成什麼樣子了？談的、說的、做的永遠離不開妻財子祿壽，既然這些是我們一心追求的，理當為此感到快樂，不是嗎？

一心所追求的卻成了痛苦的來源

為什麼感到痛苦？

如果追求的一切可以讓我們快樂，當然要加倍付出；可是看著在我眼前痛苦的每一個人，如此難受，大多數都跟他們追求的脫離不了關係。

既然痛苦，為什麼還緊追不放，心甘情願地花上更多的時間、金錢？我們的腦袋有一種很令人不解的神邏輯：現在之所以痛苦，是因為尚未擁有，我必須更用力、更快、更準、更積極，才能擺脫痛苦，如此才能更快樂。

結果，他們卻更加痛苦了。

只有把這位全世界最漂亮的女孩子娶回家，我的生活才能是幸福的，我才會是快樂的那個人。你把這女生娶回家了，痛苦卻隨之而來。

等我賺到一百萬，我就會很快樂，人生就是彩色的了。恭喜你賺到一百萬了，但你發現沒有想像中快樂，於是你把目標調高到兩百萬，或許這樣我就可以真的快樂了。快樂遲遲未到，痛苦卻是與日俱增。

你終於如願以償的進入了這家公司，這確實讓你開心快樂了好一陣子，不用多少時間，你渴望獲得更大的舞台，每一次的升官加薪，激情過後，為何讓你感到痛苦萬分？好不容易到了另一家公司，卻發現竟是相同的循環。

我們不知道問題出在哪裡。我們時而清醒、時而混沌，我們掉進了某種生活閉鎖迴路，真實感受到痛苦在我們體內，卻無可自拔。

孩提時的我們，天天都開心的不得了，為什麼？

因為腦袋裡面想的要的全都跟妻財子祿壽這五樣事情沒有關係，那一段短暫的美好到哪裡去了？

七萬人
教會我的 24 笑

七萬人到底教會了我什麼？現代二十四笑。

1．都想要更好

每個人都想要讓自己越來越好，這我絕對相信，因為人性如此。每一位來訪者都是花盡心思想要讓自己更好：我希望賺更多的錢、身材再好一些、再更年輕一些、再對家人好一些。這些人講到激動處，會哭、會發抖、會失控，甚至有人昏厥暈倒。

想要讓自己更好，怎麼最後成了笑話一則呢？我站在這些炯炯有神的人的對立面，看著他們的思言行，真是不得了了！每一個人做出來的，恰巧跟說的不一樣，這些個案嗎？不是，因為每個人都一樣，可是當事人自己不覺得，他對於自己的言行有許多合理的說辭。

這些想要讓自己更好的人，我知道他們不會更好，他們怎麼會粗心到沒有意識到自己所說與所行竟是背道而馳？

他們以為此刻已經是谷底了，老天爺對我的考驗折磨到底要到什麼時候？其實，這才正要開始，之後還會繼續往下墜落，直到他們看見自己令人發笑的言行時，一切才有可能改變。

2．絕對不放棄

有多少人信誓旦旦說著：「自己再也不會了」、「一定會信守承諾堅持」。

隔天，卻依然睡到中午。

再隔一天，開始抱怨這個世界對他的不公平。

他還是放棄了，狐疑的眼神看大家：

「我有說過這件事情嗎？我有不得已的苦衷。」

我每次都相信這些人是來真的了，可最後看大家照樣遊戲人生，過著糜爛的生活。聽的人當一回事的等待著，說的人卻不當一回事，彷彿一切都沒發生。可悲、可嘆、可笑。他的人生早已被許多不得已塞滿，我只能建議先把那些不得已處理完再說吧，這才是當務之急，不是嗎？

3．說做不同調

俗話說：「君子立恆志，小人恆立志。」

我們信誓旦旦的說著自己的人生目標，說著人生即將不一樣了，說著要把缺點改了，也發誓不再遲到、不再亂發脾氣，可是從我們的行為上，我們並沒有打算要這麼做。

「說」是世界上最廉價的東西，不用太過認真，也不用為此負責，隨便說說還帶給大家笑果十足的娛樂性呢！

4．到處亂下載

我們人一整天下來，到底下載了多少資訊到腦袋中？看直播、看朋友轉貼的文章、看星座運勢、看網路新聞……等等。星座運勢告訴你，獅子座這個月犯小人，要注意血光，你腦袋裡都在想這這些事情，最後逢人就說好準。自己中毒了還無意識地散播出去，讓其他人下載了你發送出去的資訊內容。

妳跟老公吵架了，妳跟閨蜜說：

「我老公昨晚很晚才回來，還在浴室裡講電話，很神秘。」

閨蜜斬釘截鐵地跟妳說：

「一定有鬼，去跟蹤他，他外面一定有女人。相信我，我的直覺很準，我老公就是這樣被我抓到的……」

我們到處亂點、亂開，無意間點擊了色情網站，雖然第一時間馬上跳開，可是電腦就是中毒了。我們到處走走看看，你以為沒什麼，反正我不要聽進去就不會受到影響，但毒性早已蔓延全身了。

我們到處亂下載，也到處給人建議。你只要去星巴克、麥當勞坐上一會兒時間，就會驚訝，這裡是毒窟嗎？坐在你隔壁四周的人都在散播著多麼可怕的致命病毒。

「聽我的準沒錯，把工作辭了，跟我走就對了……」

「你這工作不能做了，我勸你還是趕緊離開吧！有骨氣一點。」

「你公婆太誇張了吧，如果是我就搬出去了……」

「你小姑也太難搞了吧，很扯耶！」

「你老闆怎麼這麼扯啊，你一定要偷偷錄音……」

「我跟你講，現在的小孩子一定要這樣子教才行……」

「我要是你，才不會這樣子忍受下去呢……」

「你老婆有點離譜耶，這樣的婚姻你還有辦法忍喔……」

「一切照合約走，訴諸法律，告他！絕對不要心軟……」

下載跟散播病毒是同步進行同時發生的，最好笑的是，我們都沒感覺。

5．受害者心態

你看看那桌在聊天的那一群人，他們的交情應該是認識很久了，看似在相互鼓勵，卻是瀰漫著一股受害者心態的氛圍。有人在罵老公、有人在抱怨老婆、有人在批判老闆、也有人在數落員工。

有一回演講，我對著台下的群眾說，你們有在星巴克或麥當勞喝咖啡的時候，聽到隔壁桌的內容是這樣的：

「我老公最近都對我不理不睬，我真的好感恩他讓我看到原來是我的問題喔。」

「我昨晚和我老婆大吵一架，我真的很謝謝她總是跟我講真話，讓我不斷調整自己。」

「我的老闆雖然當眾斥責我，否決了我的提案，但這卻是我成長最多的一次，我真的很幸運遇到這樣的老闆。」

「我爸媽每次打電話來只知道跟我要錢，雖然我當下很有壓力，但事後想想我對他們口氣很不好。」

「我在洗手間聽到同事們談論起我的工作能力太差，真的很謝謝他們的包容，我下次一定會更好。」

大家聽完哈哈大笑，看看彼此，心領神會。每一個溫馨的場所，全都是病毒的溫床，人人都是帶原者。

坐我隔壁桌的三個女生，在罵完彼此老公、工作之後，她們開心滿足的笑了：

「認識妳們真好，我身邊已經沒有像妳們兩個這麼有正能量的人，我們一定要常常出來，不然我真的會被我婆婆弄到、被我老闆氣到，最後死在家裡，死在職場。」

原來約出來一起罵來罵去叫正能量。

受害者心態在遇到非心理預期的狀況時，會在第一時間覺得自己被迫害，一但這樣的認知成立，他們會出現為了生存的回應／回擊模式。

「老闆為什麼要這樣子對我？」

「我婆婆為麼要這麼說我？」

「為什麼我爸媽要這樣對我，他們真的太偏心了。」

「我老公為什麼都不站在我這邊想呢？」

「難道我為公司付出的還不多嗎？」

「你們為什麼要這樣說我？」

6．病急亂投醫

平常不注重保養，遇到問題了，哪裡有醫生哪裡去，該花錢也只能花，保命優先。每一個膠著的事件背後，都是人的問題。與其處理事情，不如真正弄好關係。但關係豈是三兩天成形的？我們不想真正去面對盤根錯節的關係結構，只想探訪名醫，看看有沒有什麼快速的解藥，希望自己能夠在關係上快速通關，治標不治本，這一次僥倖過關，下一次只會變本加厲讓我們更痛苦，這勢必付出更高的代價。

7．檢視又懷疑

既來之，則安之。

我在演講前會跟現場動輒數百到上千人的觀眾說著，既然來了這個地方，何不把腦袋的東西放掉，專心聽看看每一位老師想要表達什麼訊息給你？

台上的人，可以很清楚看見台下每個人的表情、動作，確實會有那麼一些人雙手抱胸，盛勢淩人，一副要來踢館，抓你小辮子似的。

這種高度檢視又懷疑他人的姿態，看似佔了上風，觀望輕蔑的態度，我們以為自己掌控了全局，事實是正在樹立敵人。我們在關係上出現了對人嚴重的不信任，這影響會出現在事後的某一個時間點，形成我們在邁向成功的一個極大的阻礙，但我們不會知道這阻礙是自己在更早之前就已經創造出來的。

8．看破紅塵事

在團體中總會有那麼一兩個人，他們高調的談論人生，笑談風花雪月，諄諄教誨要我們不要太過計較。

「放下，才能看見幸福，感恩才能體悟人生。」

正在經歷某些困惑的我們，當下也受益良多，心裡平靜了許多。可他一轉身卻說：

「我那個官司告贏了沒，我是絕不可能放過這些人的，我這個人什麼都吃，就是不吃虧……」

看破紅塵事原來只是一句口號，不用身體力行的。

9．都是因為你

「我會來參加這次班上的校外教學都是因為你，我才來的。」

「如果不是因為你，我怎麼可能會放棄我的夢想……」

「我會這麼做，全都是因為你啊……」

「我會繼續留在這個鬼地方工作，還不都是因為你啊……」

我們從來不願意為自己的選擇負起責任，反倒把所有的責任推給了另一個人。既然選擇了這個決定，我們就好好開心的接受，尊重自己的選擇。

我們何不從這一趟旅行中，發現新奇，玩得開心就好了，最後謝謝朋友的邀約「我沒來過這個地方耶，真的是太有趣了，謝謝你的邀約。」而不是「這個地方糟透了，早知道就不要來，要不是因為你，我現在可以在家好好躺著看電視、吃大餐，搞得現在這麼狼狽、蚊子又多，我下次再也不要做這麼愚蠢的事情了。」

10．迎合加討好

很多人很熱衷加入各種組織、團體，畢竟人脈就是錢脈，至少有那麼一大群人真的是這麼理解認知的。

我們四處交換名片，要到了多數人的聯繫方式，我們彎腰鞠躬。

「陳董、王總，還請您多多指教。」

這個團體不行，那就再換一個，確實也交了一些朋友，一段時間過後，又再換另一個戰場，我們這樣疲於奔命，求的是什麼？

誰都想成功，誰都想要榮華富貴，如果對方沒了身分，沒了抬頭，我們依然跟前跟後的請益嗎？原來我們當時都不是真心的。

自己的心態不健康，又如何期許他人認真的看待我們呢？

11．成長不改變

我們看了很多書，也去參加了很多成長課程，但我們更該做的是身體力行。

「哎呀，人就是這個樣子，放下就對了。」

「我的師父告訴我，凡事不能太計較。」

「一切但憑無愧於心。」

我們常常在追求自我成長，與人分享要懂得感恩，但在生活中我們繼續對同事不滿、對老闆不爽、對爸媽不敬，我們把全部的人罵完一輪，最後在網路世界繼續轉載善知識。

我們天天在追求成長，但卻沒有人願意改變。

12．只提當年勇

落難的人，總提著自己當年是多麼的輝煌，多麼的意氣風發，多麼的成功。我當然為當時的他感到開心，那現在為什麼會這個樣子？你現在這樣的狀態應該也好一陣子了，是不是應該讓自己再進步才對呢？

從認識你的第一天就在憶當年，這一提也好多年了，是不是該有新的劇情了？

一個人沒有真實的進步，一味的活在過去，他的成長是極其有限的。當初他會這麼成功可都是靠自己鐵拳打天下創造出來的局勢；但如今，卻被這環境給害了、老婆也跟人跑了、老闆也不挺他……永遠覺得都是別人的問題，只提當年勇。

13．隨波四漂流

盲從者永遠是貪婪者的最愛。我們以為是為自己而活，其實早已成了他人手中的棋子，有心人稍微搧風點火，我們就莫名的投入與狂熱，並認為他人皆醉我獨醒。自由意識讓我們成了魔鬼代言人，人云亦云，我們沒有太多明辨是非的腦袋，反倒是順我者生、逆我者亡，滿街的喪屍。

現在的社會，不論是在哪個國家，這種喪屍的氛圍四處流動著，我們只要觸碰到了這股無形的流，就會跟著加入。虛榮與盲從就是魔鬼的最愛，我們成就了他人，卻得不到自己想要的，只剩下荒唐鬧劇的人生。

14．聽話自照做

聽完對方的話，轉頭照自己的意思做。就是有這樣的人，溝通的過程好像都沒問題，達成共識了，但結果就是又回到自身的主觀意識上去執行。

看著這些後生晚輩認真誠懇地前來請教，我們也很願意無私的傾囊相授，希望透過過來人的身分，可以將這些寶貴的經驗與建議傳承分享給更多人。

老闆要下班前看到業務部門一位同事正在努力打著明天要向客戶簡報的投影片，老闆看了簡報，發現很多地方都不通順，跟這同事說明了公司產品在這市場的特色與同業之間的差異，還有這客戶的需求是什麼，所以簡報要往哪個方向去進行修改才能讓客戶買單。老闆取消了晚上的行程，就這樣坐了下來捲起袖子，手把手的教了這位同事怎麼把簡報弄好。

隔天，客戶跟老闆聯繫說明了暫時不考慮合作，他們並沒有很滿意今天的簡報說明。老闆想著怎麼會呢？把同事找了過來，問了怎麼一回事？再看了同事的簡報，很訝異的問道：

「怎麼會是長這個樣子？昨天不是一張一張的教你了嗎？你不是都瞭解了嗎？」

「對啊，但我想一想，還是想要照自己的方式做。」

是不是很想死？

在對話過程中，多數人其實只是想要有人聽聽他們說話，他人給的建議，往往是聽話自照做的狀態。聽完別人的話後，卻還是照自己的意思做。

15．擅闖私人地

不知道什麼原因，就是有人很喜歡闖入別人的生態，指揮著你必須照他的方式這樣做，這一切都是為你好。這樣的愛好沉重。

「你要多穿一些衣服，這件衣服帶上，才不會冷到。」

「你知道我是愛你的，不論你做什麼我都會完全的支持你，但你為什麼要右轉呢？不可以這樣……」

「你要離職為什麼沒有跟我討論？我也可以給你一些意見啊！不准離開這麼棒的公司。」

我們常常在第一時間還搞不清楚狀況，就闖入他人的世界，告訴對方你錯了，不可以這樣，馬上改過來，這些無禮的人往往把大家弄得一團亂之後，卻不關己事的離開了。

16．沒要不要來

你如果不是真心的，請你不要來。

這十多年來，我把許多人的事情放在心上，她老公今天應該可以順利過關吧？他的工作還好嗎？他的小孩今天不知道回家了沒？他跟他女朋友今天可以應該會好好把話說清楚吧？他明天要怎麼去面對他的老闆才好呢？

都三天了，這女孩都沒給我消息，我真是替她擔心，很怕這女孩想不開。

「妳這都三天了，還好嗎？」

「啊？怎麼了嗎？我在唱歌耶！」

「妳在唱歌？妳三天前哭著跟我說妳要自殺耶，我很替妳擔心啊！」

「喔喔，哈哈哈，老師，你當真喔。我真的有這樣講喔？我怎麼可能會自殺啦，你也太天真了吧。」

「好啦，沒事就好，我這幾天超擔心的，前兩天還睡不著覺……」

「這樣就失眠哦，老師你太脆弱了喔。」

類似這樣的對話屢見不鮮，所以，你沒有要真正改變的，請不要來。多數人來問爽爽之後，並沒有我們所想像的勇氣與決心去做出改變。

我們常把寶貴的時間花在不把生命當一回事的人身上，弄得自己一廂情願。如果這些人打從心裡就沒有打算要當真，那就別去消遣招惹身邊的人，不要贏得了關心，卻傷害了關係。

我在一場上萬人的演講場合上，對著大家說：

「過沒多久，剛剛多數很瘋狂喊我名字的人，會忘了我叫什麼名字、忘記我的長相、忘記我今天的演講內容是什麼，再更久一段時間，你們會完全忘記自己來過這個場合。所以你們現在的激情是一個假像，只是跟著吶喊而已。」

既然來了，不如紮紮實實的帶走某些東西，在此時此刻當下，為自己的生命負起責任，才對得起你今天所花的時間與金錢。

17．十年如一日

基本上，現在這個極度快速的年代，已經不是十年如一日的概念了。如果你的人生三年過去還是沒有很明顯的成長，那就已經在淘汰的名單上。

問問自己過去這三年，做了什麼事，有沒有感覺到自己確實有明顯的改變呢？胖了二十公斤、皺紋多了五條、有了兩個可愛的孩子？工作從一個小主管變成了更高的職位？收入增加？

多數人在經過三五年之後，會很平常心感慨的說著：

「老了啦，平安就是福，有什麼好爭的？人活著就已經夠萬幸了。」

說這些話的人，三年前的眼神跟鬥志不是這樣子的，很難想像這些人才三十出頭的年紀。

18．關係一團亂

他們的工作表現可圈可點、事業也都發展不錯，唯獨關係，他們以為這不影響，只是小事，可最終也成了大事。

家人關係、婚姻關係、親子關係、同事關係、部屬關係、朋友關係、客戶關係，不知怎地，一夕之間，全亂了套，一開始都好好的，怎麼現在這麼難處理？溝通上出現了很大的障礙，關係也一團亂。

誰跟誰好、誰又說了誰的壞話，總之，故事情節雖有不同，但架構千篇一律。有些人確實想好好處理關係，但沒多久時間，總是被其他人給激到、氣到，一把火又把關係毀滅了，來個玉石俱焚，兩敗俱傷。

19．活在夢想裡

有夢想是一件很幸福的事情，但多數人總拿著夢想的大旗，到處去招惹別人，未經他人同意就闖進對方的世界，彷彿只有跟著你，夢想才能真正實現，過著人人稱羨的生活。

我在國外認識了一位年輕人，年紀輕輕已經組織了一個夢幻團隊，這創辦人希望我去幫他們的團隊培訓，目的就是讓這團隊所有人朝夢想前進，為他們自己的人生再拚一搏。我上網看了一下這團隊的相關資訊，好像跟投資創富有關，我不清楚他們的產品是什麼，但我從文宣、影片中看到了一些熟悉的套路。

「想成功的舉個手，跟你左右鄰居擊掌大聲說出我要成功……」

「你有夢想嗎？你會被人看不起，是因為你還沒成功，你還沒找到對的方法。」

「你現在只要做出決定，你就可以跟我一樣，開你想開的車子、住你想住的房子。」

「幫助別人是一件快樂的事情，但是幫助你們成功，讓我更加快樂。」

「有夢想的朋友，請你現在就跟我走。」

「現在請你大聲的喊出來，讓你周圍的人都聽見，我要成功，夢想成真。」

這位創辦人的婚姻出了問題，他的老婆要跟他離婚。

「如果你覺得很痛苦很委屈，那怎麼不去好好處理你的婚姻問題呢？」

「不行，我的事業剛起飛，夥伴們的夢想不能停，他們需要一鼓作氣衝向巔峰，我必須要協助他們。」

其實，那是你的夢想，不是夥伴們的夢想。有一天當夥伴們醒來發現這不是他們的夢想，決定要離開了，你就說對方沒有受挫力、經不起考驗。

夢想很美，但憑良心。

20．朝黑影開槍

內心力量薄弱，聽到一點風吹草動，就會馬上有動作。

公司一個公文政策出來，頒布了一些人事調動，部門裡就開始議論紛紛，商討談論著一些很可怕的秘密。

「老闆不知道怎麼了？」

「總經理昨天下班前，很兇地掛了電話，應該是跟他老婆又起爭執了吧！」

「好像是他跟主管處不來，所以被主管調離到其他部門去了。」

「我跟你保證，這件事情一定是他在背後主使的。」

「他已經進老闆辦公室很久了耶，怎麼還沒出來？」

我們是既怕風又怕雨，無時無刻不是生活在恐懼中。

平時，我們都把自己講得多偉大，怎麼一張公文、一個小道消息，就足以讓我們滅頂？沒頭沒尾的，我們習慣先發制人，什麼都沒看到就先開槍。

我們的生命真的花了太多時間在這些無意義的事情上了。

21．器官全失能

曾經一位失去雙腳的學生告訴我，直到他沒有了雙腳，才知道怎麼讓自己站起來。五官身體好好的我們，卻不懂得如何好好善用珍惜它們。

「你看看我老闆是不是很扯？」

「不會啊，我覺得你老闆好棒，為什麼你會這樣覺得？」

＊

「他每次都這樣，只會挖洞給我跳。」

「他對你真是用心良苦耶，總是把可以成功的機會給你！」

＊

「這是什麼朋友，不挺我就算了，還說我自己也要負起一些責任才對。」

「你這朋友真好，忠言逆耳，現在會說真話的人不多了啊！」

我們的五官早已失去了感動力，看的聽的說的做的都會自動扭曲。

這個人很受人喜歡，你偏偏說他的出身不是太好；這一片湖也太美，你偏偏說這裡淹死過人；他是個工作認真的好員工，你卻說他交過好多女朋友。

一樣都是眼睛，看到的卻是不一樣；一樣都是耳朵，聽到的也盡不相同；一樣都是嘴巴，我們說出來的話卻是惡臭難聞，非得致人於死。

我們多數人的器官都失能了。

22．流言小人多

現代人都有輕微甚至是中度的被害妄想症，老覺得有人要來迫害我們。

十年前，有個主辦單位邀請我舉辦一場演講，當時我提供的題目是「左右逢源，你也可以獲得好人緣。」主辦單位問我可以改一下題目嗎？我最後妥協了這樣套路式的標題與宣傳。

「如何防小人」、「叫小人自行退散」。

最後結果真的出乎我意料之外，我原本以為大概百來人的演講，哇，來了一千多人，原來大家這麼怕小人。不知情的以為是我的人氣高，其實是小人幫了大忙。

這就是眾生喜歡的東西，只要讓大家恐懼，就能獲利。如何可以讓小人退散，給我秘方，其餘免談。

有一回，我看到一個女孩子在一張紙上沒停過的一直寫了許多人名，

「那些全是我的小人，我要把他們全部消滅掉。」

我開玩笑的說著：

「怎麼會有這麼多的小人啊？是不是也把我的名字也寫上去好一些呢？」

「為什麼要寫老師的名字？」

「因為妳現在這個行為，我看了都害怕，不想加害於妳的人，看到這行為也都打算要開始這麼做了。」

我們在防止小人的過程中，卻不經意地先成為他人的小人了，人性一覽無遺。人會被霸凌、被排擠，很多時候，身上散發出來的特質是自己沒去注意到的。

有一個臉書上的讀者寫了信給我：

「老師，我跟蹤你的粉絲專頁一陣子了，確實讓我平靜許多，尤其是在一個充滿小人這麼多的環境，真的讓我心好憔悴，為什麼職場要這麼黑暗？」

謝謝這位讀者持續追蹤我的文章，但從他的來信我就可以理解到他並沒有收到我的文章真正想要傳遞的訊號，不然他不會覺得為什麼小人這麼多。

哪來的小人？都是自己妖魔化他人，他明明是個人，我們偏偏要定義他是小人，自己心中有邪惡，他人都是邪惡。

23．修口不修心

某間餐廳送餐的速度真的很慢，連我也不耐煩了。隔壁桌的客人鼓譟了，前後兩個人跑去櫃檯詢問到底好了沒，他們等很久了，五六個人越講越生氣，有人說來這吃個飯還受這些氣，我們走人好了。

後來外場的工讀生終於把餐送來了，他們像吃了火藥似的，對著這工讀生連珠炮的咆哮一番，速度這麼慢、服務態度不佳、連個水都要自己去拿、餐具還漏送。接著一陣安靜，我轉頭看見這整桌的人開始禱告，最後聽見了他們集體說著感恩這個世界、感恩所有人。這是同一群人嗎？

在台灣，銀行門口都有一位引導員。

「先生，您是要做什麼服務呢？是要存錢嗎？」

「對！我要存錢。」

「如果您要存錢的話，外面的提款機 ATM 就可以手動操作存錢了。」

「喔，可是我要在存款單上寫上一些備註資料，還是需要請櫃檯幫我處理才行。」

引導員順手幫我抽了號碼牌：

「裡面人多，要麻煩您耐心等候喔！謝謝您！」

我後面同時跟了兩位大媽，引導員也問了他們同樣的問題，聽到其中一位大媽大聲的咆嘯：

「什麼提款機！妳有沒有想過現在外面天氣這麼熱，你還想讓我們站在外面領錢，這是什麼心態？我跟妳講，妳這樣子我是可以客訴妳的喔。在銀行上班很了不起嗎？」

這大媽邊講邊出手抓了這引導員的手臂：

「妳現在就給我站到外面來，我讓妳看看什麼叫做在外面領錢，妳就給我站在這曬太陽，我讓妳感受一下五分鐘有多久。」

引導員是個小女生，實在是沒看過這樣的情形：

「真是不好意思，您當然可以在裡面等，只是現在中午人多，會需要您耐心等待一些時間。」

「那就是你們工作效率不夠，知道人多為什麼不加派人手？這是你們的問題。」

這兩位大媽講話嗓門實在大聲，最終，銀行經理出來道歉，跟她們賠不是，我搞不懂銀行錯在哪裡，為什麼要一直道歉？沒多久，這兩位大媽就跑來坐在我的後面，我聽到剛剛失控的那位大媽很興奮雀躍地對著另一位說：

「唉唷～我跟妳講，妳一定要來，我們的老師告訴我們對人要有愛心，要去愛人。當妳心中有愛，妳就會去包容所有人就不會生氣，然後妳心裡會很有慈悲，會覺得這個世界很美好。我自從認識我們老師之後，人生有了很大的轉變，覺得沒有什麼可以影響我的心情耶，真的很不一樣。妳沒發現我整個人變得很年輕嗎？」

她繼續失憶無私的跟她的友人分享她滿心的收穫：

「我自從去上課之後，變得好愛笑，會一直感恩，我現在真的是天天感恩，我遇到什麼事我都會感恩。」

我必須拿出我的心理專業來做診斷，這位大媽已經是心理疾病的範疇了。她剛剛罵人發飆的時候，表情有多恐怖，連隔壁賣麵的老闆都跑過來問說發生什麼事情，麵攤老闆開玩笑的說吵成這樣，我還以為是有人搶銀行呢。

我們生活中永遠有這些「修口不修心」的劇情，這些人嘴巴修得乾淨虔誠，行為卻讓人吃不消啊！

修行不在道場，而是在生活裡。每個人口中都有菩薩上帝，但他們在生活中卻成了別人眼中的魔鬼，讓所有人活在地獄裡。

24. 不認識自己

我們以為我們很瞭解自己，人生卻荒腔走板，怎麼會是這樣？我們想幹嘛就幹嘛，恣意妄為，內心世界的匱乏，導致外在世界的紛擾。

我們從來沒有真正花時間去好好瞭解自己、去研究自己、去看懂自己的每一個功能，不知道自己怎麼了。

情緒來的快、脾氣發的快、諾言忘的快，我們知道這些問題，可從來沒有想過這些竟是自己的問題，天天上演24笑，讓大家見笑了。

我們的人生不該是一場鬧劇，我要終止這樣的輪迴，但Google、Facebook大神也找不出原因來，我們能怎麼辦呢？

所有的一切要從源頭改變，就像如果要解決地球的所有災難，要從心靈災難開始。源頭沒有的改變，我們只能一再重複。

Google/ Facebook
也不知道的祕密

身體最小的單位是看不見的能量

身體出了問題，我們就去處理身體；脖子閃到了，那就處理脖子；腰扭到了，當然是處理腰啊。我在廈門認識一位年僅十九歲的健身教練，他研究身體已經七八年了，對肌肉這一區塊，有著莫名的興趣，我也鼓勵他繼續往這一塊領域多加學習。

只要我去廈門，我就找他吃飯，他也會帶著我在廈門走走逛逛。上一次我們在他公司附近的公園散步著，他看著迎面慢跑過來的跑著，對著我說：

「這個人的骨盆是歪的。」

「你是怎麼看的？」

「你看右前方那一位穿藍色短褲的，他的腳跟是外翻的，他的鞋子一定是右腳常磨損，你等等看看他走路的姿勢，肯定是傾斜的。我相信他的脊椎一定常常不舒服，這情況至少十五至二十年。你再看看左前方那一位爸爸，他則是左腳向內翻，因為姿勢不對，才會造成長短腳，他一定很容易腰痠，一拿重物就會閃到腰。」

「好，你不要再講，讓我來看看。前面穿短褲背心那個，他是不是腳外翻？」

「對！」

「那一個是不是身體也是歪的？」

「對！」

「那我大概知道你的意思了。原來可以這樣子看啊。」

「我每次只要看到有人在公園這樣跑步，我就在想這對膝蓋有多傷啊？」

「可是總比不運動好，不是嗎？」

「對！一般人的理解就是要活就是要動，運動成了全民運動，也是大家能夠接受的觀念。但要怎麼動，這肌肉會怎麼反射，每一個動作對我們的生活影響有多大，大家也沒去多理解，最後動得越多，對身體就是越大的負擔。至少對我來說，結構性的概念跟身體組織的原理還是要有一定的認知，對我們在進行運動的時候，才能真正事半功倍啊。」

是啊，身體出了問題，我們看到的已經是結果了，可是我們往結果處理，沒去注意到源頭，我們可以大膽預測這結果只會更加嚴重。就像身體裡還有更小的單位，叫做細胞，而這概念我想多數人也較能接受，畢竟這已經是行之有年的科學了，只要談到細胞，似乎比單純談身體要來的更有說服力。

我們可以接受細胞的概念，但還有比細胞更小的單位，那已經是我們看不見的了，而這看不見卻存在的，叫做**能量**。

如果身體出了問題，我們會想到可能是細胞出了問題，但現在我們還要多一個維度去理解，我們身體裡面的能量應該也有狀況了，能量就是我們身體結構裡面的源頭。

好比前面所提到的所有災難，沒有往心靈災難去處理，這些災難只會永遠越來越嚴重，氣候會越異常多變、垃圾會越來越多、動物的生存會越來越艱難、人類的生活也只會越來越辛苦。

我看不見能量，該怎麼處理？

你心裡面正出現某種想法，當這個想法一出現，有沒有辦法第一時間就去意識到，它會突然地就在你的身體某處竄了出來。你會感受到自己很生氣、開心，這其實就是能量的概念。

身體能量的等級是可以透過科學儀器檢測出來的，只是我們身邊能夠獲得的相關資訊太少，所以對這樣的概念較為陌生。

社會最小的單位是看不見的感受

我們以為人最小的單位是細胞，但細胞裡面還有更小的單位——能量——處理能量，細胞就會跟著發生變化。我們的身體想要達到某種狀態，不單只是看待身體本身，更要弄懂細胞裡的能量，這些都是可以被調整的。

社會也是如此，我們覺得現在社會好混亂，但「混亂」是結果，我們如果持續處理結果，也就是我們一直在處理混亂，一點意義也沒有。源頭沒改變，結果不會有所變化，甚至更加惡化。

我有位朋友受邀上了電視的政論節目，他問我講的還可以嗎？我跟他說沒有太大的感覺，名嘴講的概念跟風格不都是一個樣子嗎？

「如果你之後還有機會上節目，重點不在候選人身上。所有的政論節目都在討論政治人物，永遠都在批判不同立場的候選人，一個小時的節目在輪番上陣的名嘴喧嘩下結束了。我們都在說著這政治人物有多可惡，卻沒想過他們的權力是人民給予的，最大的問題是人民，節目上談論的都是我們聽不懂又專業的官腔政治語言，我們只感受到名嘴憤怒的情緒，但真正在憤怒什麼，老百姓真的不是太懂。我看到的只有放馬後炮或者攻擊批判對方，這些錯誤不良的示範，才是對這個社會造成最大的傷害啊！」

社會最小的單位叫家庭，成員有爸爸、媽媽、小孩，這也是我們一般可以理解的樣貌，社會要富足安康，自然得從家庭開始做起。但家庭要如何才能和諧，才能向上呢？肯定脫離不了關係，關係出了問題，家庭就會傾斜，社會就會動盪不安。

「三招讓小孩不要哭」、「跟我這樣做，你的小孩就不會再賴床」、「婆媳大過招，用這五招讓妳婆婆對妳另眼相看」、「史上最強馭夫術，這十招讓妳老公對妳言聽計從，妳也可以是女王。」我每次只要看到這一類的文字，就感到害怕，這個社會為什麼要有這麼多人在製造不安？肉麻當有趣，一點都不好玩，不好笑。

看得見的是事情，看不見的是關係，家庭中還有更小的單位是我們沒有覺察到的，面對關係，我們沒有辦法用外在的干預來控制彼此，要真有效，家就不會傷人了，這個社會早幸福安康了。在家庭裡，還有更小的單位叫做「**感受**」。家庭裡要處理的是感受。很多才念中學的孩子告訴我他們不喜歡回家，因為感受沒有被處理好，沒有被滿足到。

回家，應該是一件最舒服輕鬆沒有煩惱的，家庭本應該是我們最安全的避風港。我們在職場上遇到不順心的事情、跟朋友之間傷了和氣，不管我們在外面遇到什麼問題，只要回到家，就是擁有了一把有魔法的鑰匙，只要轉動它，我們就會忘了那些紛紛擾擾，我們能會心一笑，我們會感到平靜，我們將充滿力量，我們覺得一切都會雨過天晴。可有些人就是不想回家，因為在他們的記憶裡，屋子裡沒有溫暖、他們的感受沒有被照顧到，反而遍體麟傷。

種因於家庭、顯現於學校、危害於社會，這一切都要從「感受」開始處理，並身體力行。

企業最小的單位是看不見的文化

我們花了三分之一的時間在工作，不論你是上班族、高階主管，還是自行創業，工作環境的確與我們息息相關。我本身是國際企業培訓師，在世界各地培訓服務了成千上萬次的單位機構，一到這企業或這部門，往往還沒開始培訓，我就已經知道這一次的培訓效果會如何了，又或者說，我會直接跟企業主說明把這錢省下來，不用培訓了，意義不大。因為只做這麼一次培訓，你期待會有怎樣的效果？你們沒有那樣的環境，自然不會有那樣的結果。

我在二〇一六年受邀去馬來西亞吉隆玻做了一家企業的培訓，企業主管告訴我他們老闆很喜歡找老師來公司培訓，過去一整年幫他們培訓的也是台灣人，老闆花了好多預算在員工訓練上面，算是相當有心的老闆，但效果卻沒有出來，沒培訓前是業績創新高，培訓後是離職創新高。

「老師，您培訓的時候，會這樣很用力地喊叫嗎？」

「沒有，基本上我的培訓是很輕鬆的，學生們就是安靜的聽著，不用去猜測、觀望老師等等要出什麼招式，就是很純粹的上課而已，累了就睡也沒關係，不要有任的壓力。」

「老師，我以為你們台灣的老師都是要這樣子跑跳吶喊耶，一個比一個還要激烈。我們現在聽到又是台灣來的老師，都會感到特別的緊張害怕，尤其是講關於成長、激勵、心靈，我都覺得這些老師很變態。」

「哈哈，真的嗎？是什麼樣的變態法？」

「我們上個月上的是面對恐懼課程，有五個門，員工們自己任選一個門排隊站好，把門打開之後，門後面都會有個老師站在你面前迎接你，告訴你要開始闖關了，在旁邊鼓勵你接下來不論遇到什麼問題，都要去克服它，不要逃避。」

「是喔，聽起來感覺還好啊，你闖了什麼關？」

「第一個門叫打不開的門，你要努力撞。有一個女員工撞到肩頰骨都裂了，所有人還在旁邊鼓勵她，叫她還要再更用力助跑往門上撞去，這女員工邊撞邊哭。

第二個門是吃生雞蛋，每個人都要現場把十顆生雞蛋給吃完，不管你敢不敢吃，你就是得吃完，這樣才能戰勝恐懼。我看到有人打蛋打到手發抖，有人邊吞生雞蛋邊哭。

第三個門是抓老鼠，你必須把老鼠抓起來放在手臂上、肩膀上，讓老鼠在你身上移動著。現場的助理會告訴你不要害怕，只是一隻老鼠罷了。這一關過了，你之後在工作上就沒有什麼好害怕的了。我看到很多員工躲在一旁，哭著說她不要抓老鼠。

第四個門則是要劈木板，每個人都要劈十片才算過關，我是選到這一關。」

「喔，那你有劈完木板嗎？」

「我批的第一片很輕鬆的被我劈成兩截了，可是到了第四片我的手已經隱隱作痛了，根本劈不完十片。可是現場大家都得面對自己的考驗與恐懼，我最後咬牙兩手輪流劈，劈是劈完了，可是我的右手受了點傷，有點脫臼，休息了一個多月才恢復。我一個男同事批到滿手是血耶。

第五個門是吃辣椒，你必須把整盤生辣椒吃完，一個人大概要吃三四十條左右的生辣椒吧。」

其實這些培訓，不管在台灣、東南亞甚或是大陸，還是有那麼一群人特別喜愛這樣的方式，這些方式確實也對某些人起到一些作用，只是我想到的是，藉由這些如此激烈的培訓方式來達到目的的同時，心理早已經出現了另一個更大的恐懼，但有誰去正視並處理它？沒有。

企業最大的資產是員工，這樣的說法不論是企業主或是員工本身，都能接受。既然如此，企業花多少時間在這些員工身上？對員工做了什麼？老闆或許覺得這些激烈式的激勵對員工是好的，讓員工都變勇敢了。為了勇敢、為了可以克服恐懼，然而全體員工因為培訓產生的心理壓力，這是全部企業包含老闆所看不到的。

另外還有一家企業在台灣，與我聯繫的人員告訴我：

「我們幾個月前上過一個受挫力與面對自己的課程，你必須站在所有人面前，接受大家不留情面的謾罵，每個人越罵越難聽，等你下來之後，你也要跟著去罵臺上的人，互揭瘡疤。但老師說這是一種激勵人成長很有效的方法，可之後同事們彼此的關係卻變得比之前更糟糕了，我們感受不到祝福，倒覺得千瘡百孔、心力憔悴。有同事在課程過後，開始自我懷疑、自我否定，甚至反目成仇。」

一家企業除了看得見的員工，看不見的企業文化才是決定企業是否興盛繁榮的最關鍵因素。如果你是企業的領導人、你是一個部門的主管，讓員工或部屬留下來最主要的原因不是薪資，而是**工作環境**，也就是我們看不見的**企業文化**，而這得靠環境裡的你我共同創造。

企業文化何其重要，必須第一時間由創始人、領導人親自以身作則帶頭建立。可惜現在的企業看的是績效，講求的是數字與速度，這樣的企業文化，人人沒有受益其中。

每家企業都希望生意興隆業績長紅，但企業文化大於一切，不單單只是靠員工們的努力，負責人與各級主管才更需要以身作則，做出典範，才能上行下效，只有在企業文化的推動下，才能讓企業永續經營，雨露均霑，各司其職，為組織做出承諾貢獻。

人生 KPI

關鍵績效指標 Key Performance Indicators，簡稱 KPI，關鍵績效指標，又稱主要績效指標、重要績效指標、績效評核指標等，這是拿來指衡量一個管理工作成效最重要的指標，是一項數據化管理的工具，必須是客觀、可衡量的績效指標。KPI 常常用於財政、一般行政事務的衡量等等，透過這些指標將公司、員工、事務在某個時期的表現給予量化與質化的指標，我們可以透過這些指標優化組織的表現，並規畫願景。

KPI 是引導企業發展方向相當重要的儀表板，企業透過這些指標獲得更高更好的成長。我們的人生也有 KPI，如果我們也希望自己人生有好的成長發展，那就不能忽視這些指標。

人生要有好的發展，就必須往這三個指標下功夫：**個人、社會、工作環境。**

想要獲得良好的人生KPI，希望自己也能過上好的生活，這三項指標就不能忽視它，但要獲得高績效，則需要往最小單位開始進行。

個人最小的單位是能量、社會最小的單位是感受、工作環境最小的單位則是企業文化，唯有處理好**能量、感受及文化**，優化其表現，我們才能真正規劃人生的願景。

人人都希望自己可以更好，但卻沒有人清楚明白的告訴我們該如何看懂自己的人生KPI，我們的人生失去了儀表板，最後緣木求魚、貓追尾巴，人生總是白忙一場，換來無勝唏噓。

調整好自己的內在能量、處理好與所有人關係之間的感受、建立起自己生態圈裡的文化，這才是我們人生KPI中最重要的指標。與其一味的追求，不如花時間來看懂自己的指標是哪裡出了問題，在某個特定的時期將這些指標給予質化跟量化。你在這一段時間裡，為你的能量、感受、文化做了什麼？投入密度是否足夠紮實，這都會影響指標，決定你的人生是否攀上顛峰，還是原地不動、每況愈下。

看不見的源頭，完全影響看得見的結果

這些看不見的最小單位，是一切物質世界的源頭。源頭正在影響我們的結果，眼前發生的真

相就是結果，也就是我們前面談的妻、財、子、祿、壽。只有往源頭處理，才能改變結果。

我們容易因為眼前遇到的人或發生的事，情緒一下子起來就暴跳如雷，我們狂悲狂喜，以為是這個人或這件事引起的，程度上算是，但這些結果只是第二現場，我們內在世界才是第一現場，是我們體內的能量出了問題，我們不會處理這些能量，我們的生態圈所建立起來的文化氛圍也不對勁，全是這些源頭出了問題，影響了結果，生活方方面面都亂了套。

如果你不去處理源頭，結果怎麼變好？我們看看自己身邊的朋友圈，極多數人可能連內心世界是外在世界的源頭的概念都沒有，一群想要改變現況的人，總是徒勞無功。

因果混亂

我們都活在一個因果混亂的世界裡，倒「因」為「果」。只要處理源頭，結果就會發生化學反應，但我們不處理源頭，持續跟結果對抗，下場就是結果更加混亂、複雜、糟糕了。

我這些年來和七萬多人對話的體悟是，不論你如何苦口婆心告訴大家是源頭出了問題，大家只願意回到結果，眾生只在意結果。他們把時間及金錢花在追求的事物上面——妻財子祿壽——他們打從心裡不敢相信結果會自然發生，無須處理。多數人總是放手一搏，但結果總是沒能跳出框架之外。

你跟他們講能量、講感受、講企業文化，你一直提醒身邊的人這些最小的單位乃為當務之急，這才是真正的原因，可是多數人是接收不到這樣的訊號，他們轉過身去，寧可去搜尋 Google、Facebook 兩尊大神給予的建議，它們會給你成千上萬的方法教你如何獲得妻、財、子、祿、壽，教你如何在最短時間創造業績、讓你立刻成為萬人迷、跟著這樣學習五天英文就會變好、只要跟著這麼做你就可以獲利千萬……，你想追求的所有知識跟方法，Google、Facebook 都能在一秒不到的時間就滿足你，但結果有如你預期嗎？縱使是大神，也不會知道是你的源頭出了問題，所以你的結果永遠得不到。

我們只會一再換課程、換老師、換學生、換公司、換老闆、換員工、換對象，我們一換再換，但從不去處理源頭，可想而知這結果不會令人期待。

所以，海洋垃圾只會越來越多、戰爭只會越來越嚴重、空氣汙染只會越來越糟糕、動物生存只會越來越艱辛、溫室效應只會越來越明顯、種族對立只會越來越緊繃、家庭教育只會越來越挑戰、批判只會越來越對立，怎麼會這樣？源頭從來沒人去推廣倡導、沒有人要去處理。

做出改變，看懂源頭，認真檢視自己的人生 KPI 指標，這只是第一步，卻已經讓七萬人禁聲裹足不前，所以人生才會如此艱難不易。

我們都在努力
成為更好的自己

界線外的超越

更好的自己是什麼？

更成功？更年輕？賺更多錢？讓更多人喜歡？我們想的還是外在事物的概念。

內在跟外在有一個界線，那是我們每個人的皮膚，我跟七萬人對話下來，這些人要是不談皮膚外的東西，他們就無法生活，覺得人生沒有意義了。

不談感情、不談婚姻、不談愛情、不談小孩、不談教養、不談關係、不談收入、不談工作、不談年輕、不談健康、不談美食、不談娛樂，我的生活就失去了意義，我不知道還能做什麼，我們不會生活了，生活不應該只有皮膚外的世界。

我們開口閉口，腦袋裡的思維全都是皮膚外的概念，因為你眼前周遭的多數人也都是在談這些，誰要跟你談皮膚內的東西啊？**不去處理皮膚內的世界，皮膚外的世界不會有太大的改變。但我們卻繼續投注更多時間金錢去期望外在世界能否因為我們的努力而給予回應，所以多年來只能一成不變。**

否定自我、否定他人

「否定」是外在世界的遊戲機制。我們透過否定的方式來進行超越，我們因為有了超越而感覺正在成為更好的自己。你否定了你買的那台國產車，你選擇了新的 BMW、之後再否定 BMW，擁抱了新的保時捷、我相信在不久的將來，你會繼續否定保時捷。我們不斷地超越自我以成為更好的自己，我們「否定」了自己也否定了別人。

「唉唷～你好棒哦！」

「我哪有很棒？」

很多人會用這種無意識的自我否定來期許自己可以更好，我們都想要不斷的超越自己。

「我受夠了」、「我再也不要這樣的生活了」、「我再也不要……」，我們用否定的方式來進行超越，超越的是外在的妻、財、子、祿、壽，這讓我們感覺自己真的更好了。

你希望你的收入可以從兩萬變三萬，「我決定要離職，決定離開這家公司，這家公司沒有讓我得到更多的薪水。」對現況的不滿意，想要做出改變，我們就是用「否定」的方式來進行自我超越。

主流、從眾、標籤化，放大卻變小

「外在」，是這個世界的普世價值，它是「主流」、「從眾」的，也具有「標籤化」的意義。開 BMW 的就是比開 TOYOTA 的更為成功。我們有了這樣的標籤，有了這樣的意識形態，所以我們不自覺的改變了我們的穿著、說詞、眼神、習慣、認知，行為等等，我們會自然而然潛移默化的因應主流而做出改變。

一位企業家就這樣在我面前痛哭失聲：

「我把自己做的這麼成功，多少人積極的想認識我，想請教我是怎麼成功的，但此刻我竟不知道自己在哪裡，我不知道如何啟齒，我發現我的人生迷路了，我竟然不知道我要去哪裡？越做越大時才發現，我越來越渺小，什麼事也不能做、不想做……我懷念剛出社會騎摩托車的快樂時光，我後期買的這幾台跑車，老婆從來沒坐過、小孩慢慢長大也變得叛逆不聽話、員工更不用談了。

我從一個窮困人家一路走到現在，我做到了一般人做不到的事，我的故事應該是很感人激勵人心的，你看我白手起家，我的員工應該以我為榮的，可是最後員工怎麼離我這麼遠？我從沒停止自我超越，卻感到深深的無能為力，我有太多的憤怒、無奈與遺憾，我做的還不夠好嗎？」

界線外的超越確實有難度，但卻會讓人上癮。孩子不認真，我們就說這孩子很糟糕；這個人考試考不好，我們就說以後沒前途了；有人工作表現沒看到效果，我們就覺得這一個人沒救了。我們給別人貼上可怕的標籤，自己也被貼得滿身都是。我們以為這是主流，為了成為一個更好的自己，我們隨著主流成為希望我們成為的樣子。

「我決定去上班了。」

「我決定嫁給他了。」

「我決定生孩子了。」

「我決定辭職待在家裡了。」

「我決定順從家人了。」

「我決定不再反抗了。」

我們的決定，背後都是自己沒有意識到的迎合討好，所以會有人在下決定的當下是愁眉苦臉，總是心有千千結。

我們被主流弄得失去了自我，也告訴身旁人，做人不要有太多的想法、不要這麼恣意妄為、不要為了自己的決定而傷害了那些愛你的人。

控制、緊綳、結凍，破壞關係

積極超越自我的人，亦成了他人眼中的有為青年，在追求超越妻、財、子、祿、壽的同時，我們會不自覺大量地使用「控制、緊綳、結凍」來「破壞關係」。我們總是在控制別人，我們把關係弄得很緊綳，我們只想活在掌聲中，然而對於慢慢流逝的關係，真的沒有太大的感覺。

界線內的超越

身邊的朋友圈內，有誰在談論關於內在超越？我們自己本身都閉口不談的人，身邊怎麼可能會有談論這些的朋友呢？物以類聚啊！

你去問問臉書大神：

「請告訴我怎樣可以做到內在超越？今天真的太值得感恩了。」

你相不相信，我們身邊可能有很多人連內在超越是什麼都搞不清楚呢。

「內在」，指的是人的本性，即內在精神。仁為中心思想、以和為貴、剛常倫理、四維八德等等以此展開，此皆屬於內在精神的範圍。

而「內在超越」則是一種心性管理，那是一種道德的內在精神，對內在精神不斷的反思與追問，成為自身的生活信念，帶有某種自律與潔癖，關注於現實生活，並落實於當下，實踐加工，身體力行，不斷超越，最後在生活中成了屬於自己的信仰哲學。

肯定自我、肯定他人

為什麼我們一定要透過擁有一台什麼樣的車才能定義自己很好？一定要拿到第一名，才覺得自己有價值、才覺得你媽媽會愛你、才覺得老師是肯定你的？因為當第一名下課可以先離開、當第一名可以不用打掃教室、第一名上班可以不用打卡、第一名可以優先選座位、第一名只要出一張嘴，其他人則需要動手。

我也好想要第一名，從小到大，我沒有什麼機會可以拿到第一名，雖然如此，我還是很享受很喜歡不是第一名的我，我不會因為分數的排名覺得自己有比那些分數高的學生還差。我小學就發現到，那些前幾名的同學，他們臉上總有淡淡的憂傷，他們只會擔心這次不能第一名。明明都已經這麼棒了，但還是覺得自己不夠好。從來不會去肯定自己，自然也不知道怎麼去肯定他人了。

踏實、給予、去標籤，縮小卻變大

我在小學二年級的時候，就開始思考「人從哪裡來的？」班上同學被我問的莫名其妙，包含我的導師。大家的答案都是從媽媽肚子裡來的啊。這我當然知道，但這不是我想要的答案，我再反問：

「那來媽媽肚子之前，我在哪裡？」

老師來做家庭訪問時問我爸媽：

「你兒子平常在家會問一些很怪的問題嗎？因為他在班上問了很多同學，比方說人從哪裡來的？」

我從八歲就已經開始訓練自己與人對話了，小學五年級時，甚至替班上同學進行心理治療。有個同學在走廊哭泣，我好奇的走向他並問他為何哭泣，原來他沒有考到好成績，只拿了第二名，因此落淚。

我跟他說：

「如果是因為沒有第一名而哭，那該哭的是不是我？或班上其他更多數的同學才對！」他眼睛瞪得大大的，似懂非懂。

所以我接著告訴他：

「所以肯定不是分數的問題。」

我同學覺得我不瞭解，不知道我在講什麼：

「我就是沒有考第一名啊，你聽不懂嗎？」

「如果是分數的問題，為什麼班上其他同學分數都比你還差，怎麼還是那麼多人笑著，一定不是分數的問題。」

我五年級就會這樣分析了，可是有人到五十歲了可能還搞不懂自己內心的難受到底是什麼原因？他還在鑽在某個成功或失敗裡「我怎麼會這麼悲慘？怎麼辦？」

如果連你都不支持自己，那你還期待自己什麼？你支持自己的力道這麼薄弱，你能期待誰可以對你更好？

我們該超越的是內在而非外在，內在超越代表的是「踏實」、「給予」，然後「去標籤」，我們不再盲從、有底氣，看起來把自己「縮小」了，其實卻是讓自己的內心力量給「放大」了。

支持、舒服、解凍，凝聚關係

我們每個人都可以生活得很自在，之所以會害怕是因為我們不瞭解自己。

從我跟第一個人對話開始，這七萬人似乎有一股力量，推著、拉著我走到現在這個位子，我現在的狀態是這七萬人共同幫我創造及雕塑出來的，所以我真的超級感恩這些人。但當你回頭看這七萬人，讓我驚訝不已的是，給我力量的他們，怎麼多數都在浮浮沉沉？明明他們是給我答案的人，但他們自己卻找不到答案。

界線外的物質不是因為你的自我超越努力追求來的，那些是會自然發生的，就像是一個自動門，你走過去，門就會自動打開，你就直接擁有了。我們該做的是界線內的自我超越，怎麼超越呢？用「支持」的行動去支持你身邊的所有人，那是一個「舒服、解凍、凝聚關係」的過程。我們要學習去尊重自己的選擇，讓這個選擇在身上發揮作用。

讓自己腦袋裡某些概念性的觀念做出改變，重新架構關於自我超越是外在亦或是內在，當我們理解並接受了內在超越的重要性，一但我們開始身體力行去修正自己的內在世界，並且不斷地超越內在的狀態，外在世界某些膠著事件就會在你的生命中神奇的不見了。處理內在，外在世界才會改變。

我們花了時間在追求成功，卻忘了成功卓越是要往內在走，這才會讓你的力量強大。追求內在超越的過程是孤單寂寞的，我們要去面對主流的聲音，隨時都在自我懷疑。當你快要放棄時，就在那一瞬間，內心力量就會像種子般發芽，從此不再感到懼怕。

有天晚上八點多，有個朋友打電話給我，我一看到是他就知道無事不登三寶殿，但我還是一秒鐘就接起來了。

「老師，您現在人在哪裡呢？」

「我在外頭和朋友用餐，怎麼了嗎？」

「沒有，只是晚點會經過你家，想說如果你在家的話，可以順道繞過去你家跟你請個安碰個面聊聊。」

「喔，可以的，但可能要兩三個小時後了，我這邊才剛開始，還需要一點時間。」

三個小時後我回到家，問了對方人在哪裡呢。

「老師，我在你家樓下了！」

「啊？在我家樓下了？抱歉，你等很久了嗎？」

「還好，反正也沒事。」其實他三個小時前打給我的時候就已經在我家樓下了，可惜那時我並不在家。我們在騎樓下寒暄了十多分鐘，

「今天如果沒有什麼事的話，我就先上樓了，明天有一場演講，我還要準備一些東西。」

「老師，我問你一個問題好了，剛剛突然想到一個問題。」

「什麼問題？」

「是這樣子，我有一個股東，他跟我的理念比較不合，關於錢的投資還有該如何與他溝通才能比較圓滿呢？」

「我明天的演講正好可以解答你現在的困惑，你明天可以過來聽，人來就好，我會跟大家說是我私人邀請你來的。」

「啊～可是要上一整天耶，你明天要講什麼？還是你現在講一講就好。」

「我要現在講七個小時給你聽嗎？」

「或者老師濃縮成重點十分鐘，我可以給老師十分鐘的時間……」

聊天的過程是相當不舒服的，我也很好奇到底什麼事情這麼緊急，需要晚上在我家樓下等我三個多小時，他想問是否可以換掉他的股東、撤掉他的客戶，他多麼希望這些棘手的麻煩可以立刻消失。可惜的是他沒有看到自己正處在受害者的狀態中，被害妄想症發作，每個人都是小人、到處都是流言。

「老師，你是認識我的，我這個人就是太善良了，從來都不跟人計較。」

「嗯，我相信人性本善的，也相信你想要善了，但你來這裡找我的動機是要我教你如何處理他們、如何拿回你的錢、如何可以華麗轉身、如何不被他人誤解、如何可以完美切割？如何可以立於不敗之地？是這樣沒錯吧！」

「對啊，當然的啊。」

「我感受得到，你真心希望可以和平結束，所以你現在該怎麼辦？」

「我該怎麼做才可以讓他們不恨我，我真的很怕人家恨我。」

「那你就不要做啊。」

「可是不做的話我會恨他們。」

「我真的沒有辦法透過三言兩語讓你明白何謂放下？何謂支持與祝福？但不管你最後的選擇是什麼，我都給予支持，也祝福你一切順利。」

我們很習慣把自己化身為一個大善人，但是卻透過否定自己、壓抑他人的方式來處理皮膚外的事情，這自然處理不好的。從來沒有習慣去練習內在超越的人，是無法理解什麼叫做給予他人支持、全程舒服的概念，在舊思維沒有改變之前，很難重新凝聚修復關係，他最後只會讓關係結凍，大家連朋友都當不了。

想像你曾經在某一次與人對談的過程中，你真心支持著對方，那是什麼感覺，現在就是練習的時刻，去超越當時的狀態，你內心的信仰將帶領你度過難關。

只有內在超越，我們才能將緊繃的關係解凍；只有內在超越我們才能再一次的凝聚關係。

當情緒來臨時

當情緒來的時候，頭腦會同步甚至比我們意識到之前，就已經開始運作出某種干預。有一次，我到距離廈門大概五百多公里的一個城市談事情，當地友人帶我欣賞夜景，眾人驚呼：

「哇！好漂亮哦。」

我們走上了一座S型無限向上蜿蜒的橋，涼爽的天氣，晚風吹來，舒服極了。到了最上面的盡頭，那裡有穿制服的工作人員，像是個風景區，但大家都在套鞋套。

「為什麼要套鞋套呢？」

「過了前面的柵欄，再往前就是玻璃橋了，腳下是一覽無遺的天空步道。」

「喔～瞭解！」

「老師你又不會怕，不用擔心。」

「你又知道我不會怕了。」

「因為我們剛剛才剛走完數百公尺的天空之橋，我看你都沒有在害怕，很多人是走不上來的，可老師您是快步健走。」

「你說剛剛上來這一個S型的橋是天空之橋？原來我們已經在走了，我竟然完全沒注意到。」

「對啊，剛剛走上來的橋面是鐵網鑄成的，而在你眼前的是要穿鞋套的馬蹄U型玻璃橋，則是無邊際的玻璃打造而成。」

情緒比知識更能改變對世界的看法

不論我們的學識再怎麼多、再怎麼專業，只要情緒一來，往往馬上擊潰我們。儘管腦袋裡的知識，告訴我們所有一切有多麼美好，卻遠不如情緒直接作用在我們身上。我們會立即體驗到美好或厭世。

當一批人走到U型玻璃橋的最外側，完全離心整座山壁時，現場的工作人員會給你一個大驚喜格——打燈——明亮無比，連夜晚也變白天了。我看到眼前的景象，腳下是深不見底的懸崖，眼前是一望無際的山巒，山頭的風陣陣吹來，本是涼爽的微風，此刻卻感到變得異常強勁有力。

我還來不及反應眼前的一切，手已經抓住我朋友的臂膀了！

我真的在發抖！雙腳動彈不得，直呼：

「好恐怖喔！！！」

我完全動不了。

在一陣深呼吸後，我用極度緩慢的小碎步向左移動到橋墩，基本上，我一步也前進不了。

「老師，你要走到中間，往前啦。」

「我也想啊，但這太恐怖了。你回來讓我扶一下。」

「哈，我們本來想說明天後天要帶你去一個更高更長更延展的天空之橋，這個是小朋友在走的，一點意思也沒有。」

「這個就讓我這麼心驚膽跳了。」

「老師，這節骨眼，要嘛前進要嘛後退，你必須自己走完它。你要相信你自己可以啊！」

「我做不到啊！」幾個朋友在前方笑著，等著我走過去，我卻只能倚靠著橋墩，一步一步碎步滑行。我希望趕緊離開這裡，同時，我也很害怕後面趕上來的人碰撞到我。當地友人問我要不試著坐在玻璃上，想幫我拍張照片。問題是，我的雙腳早已不聽使喚，我蹲不下去。

如果不開燈，我理智上是可以優雅談笑間走完全程的，但那燈一打開之後，你不管喊什麼關公、觀世音菩薩都沒用，所有的知識都沒有辦法改變你對眼前這個情況的看法。

情緒上來是一秒爆炸的，不管你是知識淵博的博士，還是所向無敵的戰士，情緒一來，你會馬上對這個世界產生立即偏執的看法，那個看法是你無法理解的。

知識告訴你，只要對人微笑，就可以獲得正能量，但是情緒一來要如何微笑？心裡可能還咒罵微笑根本不能當飯吃，你已經忘記要微笑這件事情了。情緒跟你的所作所為、專業領域、個人素養完全沒有關係了，我們根本沒辦法去控制它，它說來就來呢！

但有一個概念我們必須要釐清，這很重要：

「情緒是結果，不是原因。」

恐懼的情緒是結果，在你意識到恐懼的情緒來臨時，我們怎麼處理？我看到有人在橋墩上哭，我或許也可以跟著這麼做，但我知道此刻的情緒是一個結果，要改變這樣的結果，勢必要去找到原因，之後才不會一直出現那樣的情緒。

我選擇先將內心的恐懼關靜音，我得先讓我自己離開這讓我膽戰心驚的玻璃橋，我的情緒直到離開玻璃橋後才慢慢平復。事後，我一直在思考，為什麼我會感到害怕？情緒的連結是極度快速的，回到房間休息時，我突然想起在五六歲時，和兄弟姊妹們去游泳，我被堂姊堂哥聯手拋進了泳池，一個人在水裡掙扎，我根本碰不到地面，喝了好多水，他們站在我旁邊聊天，笑著告訴我不會有事，沒有人願意向我伸出援手。

原來在我內心深處，藏著這麼一個黑點，我害怕被遺棄、害怕突如其來的不可控制、害怕被背叛、害怕有人總喜歡在他人身上玩著一點都不好玩的遊戲。我發現泳池的恐懼和玻璃橋的恐懼是極為類似的，雖然不確定玻璃橋造成的恐懼源頭是否來自小時候的游泳池事件，但這讓我想起這一件事情——我好像變得又更勇敢了——我在睡前傳了個訊息謝謝朋友帶我來走這玻璃橋，這讓我再一次去發現深藏內心的恐懼並且面對它。好棒的收穫！

「應該」、「必須」才是第一現場

我們沒有辦法控制五感（眼耳鼻舌身），一聽到看到我們就會信以為真的立即做出反應，然後才有情緒，接著一連串的蝴蝶效應與化學反應。在情緒來之前，一定還有我們尚未意識到的部分，而這才是我們要去練習覺察到的。

在事件迎面而來發生在你面前時，一定會產生情緒，在情緒來臨前，有三個步驟是我們必須去刻意練習的，這三個步驟必須搶先情緒之前。

第一步驟：停格不去思考

第二步驟：停格到做出反應的這段期間，觀察自己在想什麼？

第三步驟：多餘的那句話，省略它，不要說出口。

「我跟你講哦，我剛剛看到你老婆和一個男人在街上擁抱耶……」你聽到這一句話，通常會立即做出某種反應，但其實當下該有的反應就是**停格**，停止思考，五秒鐘都好。這是第一步驟。

人非聖賢，發生問題的時候，你當然可以有反應，在第一步驟——停格——之後，我們接著開始去觀察此刻自己的腦袋裡到底在想什麼？為什麼會這麼想？你打算用什麼方式反應你所收到的訊息？這是第二步驟。

我們通常沒有第一跟第二步驟，直接跳到第三步驟，總是多餘的講了一句話，讓情緒主導整個場面，最後一發不可收拾，但這多餘的一句話是最該省略的，所以我們才要不斷的刻意練習讓自己從第一步驟開始。

那天我坐公車去找朋友，車上人不多，但也沒有空位，有幾個人還站著吊在把手上晃來晃去。一個乾乾瘦瘦的年輕人，戴個眼鏡，身旁有幾個大包，一看就是剛從外地來的。他站靠在司機旁邊，手拿著一個地圖在認真研究著，眼不時露出茫然的神情，估計是有點兒迷路了。

他猶豫了好半天，很不好意思地開口問公車司機：

「去故宮博物院應該在哪兒下車啊？」

公車司機完全沒理會也不張聲，繼續開著車，小夥子又再問了一次，他才抬頭看了一眼外地小夥子說：

「你坐錯方向了，到對面往回坐。」

但司機可沒說完，他說了那多餘的最後一句話：

「拿著地圖還看不明白，還看個什麼勁兒啊！」

司機眼皮嚴肅的凝視著前方。外地小夥子可是個有涵養的人，他嘿嘿笑了一笑，把地圖收起來，準備下一站下車換車去。

旁邊有位老先生聽不下去了，他對外地小夥子說：

「你不用往回坐，再往前坐四站換 304 也能到。」

他如果說到這兒就結束那還真是不錯，既幫助了別人，也挽回台北人的形象。可那老先生沒能就這麼打住，他看著公車司機，一定要把那多餘的最後一句話說完：

「現在的年輕人啊，真是一個比一個沒教養啊！」

這話確實多餘了，車上全都是年輕人，大家情何以堪呢！站在這位老先生旁邊的一位年輕小姐就忍不住了：

「先生，不能說年輕人都沒教養吧，沒教養的畢竟是少數嘛，您這麼一說我們都成什麼了！」

這位小姐穿得挺時髦，臉上化著鮮豔的濃妝，頭髮染成火紅色，可對老先生還是用您來尊稱，一點也不失禮。可惜她畢竟也忍不住的說出了多於的最後一句話：

「就像您這樣上了年紀看著挺慈祥的，可就愛在那倚老賣老，誰受的了？」

沒有人出來批評一下時髦的小姐是不正常的。一個中年大姐說了：

「妳這個女孩子怎麼能這麼跟老人講話呢？要有點兒禮貌嘛，妳對父母也這麼說話嗎？」

您瞧大姐批評得多好！把女孩子爹媽一抬出來，女孩子摸摸鼻子也就算了，大家就說到這兒結束了吧，該幹嘛幹嘛去。可不要忘了，大姐的「多餘的最後一句話」還沒說呢。

「瞧妳那樣，估計父母也管不了妳。打扮成這樣，到底在哪裡上班的啊？」

這麼吵著鬧著，公車到站了。車門一開，公車司機說話了：

「都別吵了，該下車的快下車，別把自己正事兒給耽誤了。」

當然，他也沒忘了把最後一句多餘的話給說出來：

「要吵統統都給我下車吵去，都不要來坐我的車，我看到你們這些人就覺得煩！」

煩嗎？煩！不僅司機煩，所有乘客都煩了！整個車廂現在可像這炸開的窩了，罵司機的、罵外地小夥子的、罵老先生的、罵時髦小姐的、罵中年大姐的、罵天氣的、罵路況的、罵自個兒孩子的……真是人聲鼎沸，要熱鬧有多熱鬧！

那個外地小夥子一直沒有說話，估計他也受不了了，他大叫一聲：

「大家都別吵了！都是我的錯，我自個兒沒看好地圖，讓大家跟著生了一肚子氣！大家都別吵了行嗎？」

聽到他這麼說，車上的人才意識到自己失態了，聲音很快平息下來，少數人輕聲嘀咕了兩句也就不說話了。但別忘了，外地小夥子的「多餘的最後一句」還沒說呢。

「早知道台北都是這麼一群不講理的人，我還不如不來呢！」

首先這故事是杜撰的，再者，台北是個熱情好客有禮貌充滿人情味的地方，歡迎來我成長的地方作客。我只是想要透過故事情節來讓大家理解到多餘的一句話，威力太大，請省略它，因為真的沒有必要。我們的生活中存在太多類似這樣的情景，挑起情緒的都是最後一句話，多餘的一句話。

在情緒來之前，完成第一第二步驟之後，別忘了還有第三步驟，多餘的一句話，確實不吐不快，但請省略它。

「他怎麼可以插隊呢？」、「他到底會不會開車啊？」、「他怎麼可以這麼做呢？」、「你怎麼可以這麼講我？」、「他應該要這麼做才對！」、「你必須要這樣才可以！」

「應該」、「必須」才是引爆我們情緒的第一現場，「應該」、「必須」就是我們的認知，也就是情緒的源頭。

當事情發生的時候，我們的第一步驟是先停止思考，接著第二步驟覺察自己是怎麼在思考這個事情的，然後才是省略其他多餘的話。

你跟你的老公／老婆、員工／同事、小孩／爸媽、親子等所有關係在對話過程中，如果體內有那麼一點點不舒服的能量從心裡竄上來那一瞬間，請你去看懂那個不舒服的感覺，那股能量慢慢的從胸口上升到了喉嚨，在你脫口而出之前，找到情緒的第一現場，不在你眼前的外在世界，在你的內心，去覺察到自己的「應該」、「必須」。

「老公，我今天可能下班會晚點回家。」

回到家時，妳發現兒子還沒吃飯，老公在打電動，妳整個火都上來了，妳準備要開罵開打。

記得，第一步驟是停止思考，第二步驟是去覺察為什麼要生氣，生氣的點是什麼？絕對不是妳眼前所看所聽到的兒子沒吃飯或老公在打電動這樣的場景。妳有情緒是因為妳認為老公此刻「應該」要怎麼做，兒子「必須」怎麼做才對，當眼前的人事物與我們腦袋的「應該」、「必須」有所衝突，情緒一秒爆發。

兒子一回到家就跟父親說他今天吃得好飽，放學才吃了東西，現在他一點都不餓，貼心的兒子提議不然我們等媽媽回來了，她一定肚子餓了，全家人再一起吃晚餐如何……。

人和人的關係出現縫隙，往往是因為不再好好說話了。

丈夫加班，很晚才回到家。他看到了家裡整潔的地板和陽台上晾好的衣服，什麼都沒說卻突然問了：

「有沒有給每盆花澆水？」

妻子還沒說話，老公看了老婆的表情，嘆了口氣：

「妳為什麼總要我催著做，就不能主動點兒嗎？整天糊裡糊塗的，什麼事都幹不好……」

話音剛落，轉頭發現了熱騰騰的飯菜，還有一個漂亮的奶油蛋糕，上面寫著：

「老公工作辛苦了！」

他明白剛剛那句話很傷人，卻沒法撤回；妻子再也沒有製造驚喜的心情，那些期待和興奮都被埋怨的話衝散了，妻子給他開門時的笑容，也從此消失不再有了。

與家人的相處，最好的陪伴就是好好說話。兩個人生活在一起，無非是你哄我，我哄你，好好跟對方說話，才能讓幸福感無處不在。兩人世界能不能好好說話，不傷人！

不反應期會自動引進生活腳本

就算你是百分之百對的，也不用急著回應，把回應的時間點慢慢的練習拉長，尤其是憤怒的情緒，從一秒改成十秒、二十秒、一分鐘，或改成兩天，這時間叫做「不反應期」。

不反應期就是把你在那一段時間原本要發作反射的狀態改成不反應。

當我聽到我老婆在街上和一個男人擁抱，我們應該要發作，但我們把要發作的時間拿來不做反應，不反應期的時間越長，我們就會避開更多的危機災難。在發作前的這一段時間你做了什麼事？這會影響你發作時的狀態力度強度。我們通常在不反應期的這段時間，會自動引入「生活腳本」，生活腳本會開始切換成某種模式，和你眼前的人事物形成完美連結。

上海有一對夫妻找我做諮詢，因為時間不允許，所以我在台灣用視訊完成對話。這對夫妻準備要離婚了，我各自跟太太與老公聊過一次，隔天才邀他們一起同框對話。分開聊的原因是，我想聽聽看他們兩個對於離婚的主因看法是否相同。

「老師，你知道嗎？有一天我老公到了前一天晚上才跟我說，『明天我不能去接小孩，妳要去接小孩喔！』」

老婆在第一時間收到這樣的訊號，沒有停止思考、沒有覺察自己的想法，她的「應該」、「必須」直接從心裡竄出來：

「這**應該**是你要去接的啊。如果你不能去接小孩，也**應該**更早告訴我才對。」

老婆沒有意識到她的「應該」、「必須」是情緒案發第一現場，她在陳述這些事情的時候，我從手機螢幕上仍然可以看到她的表情是極度憤怒的。

「所以妳怎麼跟妳老公說呢？」

「這本來就是你**應該**要去接的，為什麼現在才跟我講？」

她在與我通電話的同時，情緒依然停留在老公的不提前告知，這麼多天過去了，依然沒有意識到內心第一現場的問題：他為什麼現在才跟我講？他**應該**提前讓我知道才對的。

「所以妳覺得他應該什麼時候跟你講？」

「他**應該**比昨天甚至更早就要跟我講了。他**必須**要這麼做啊。」

最後她又補上了一句多餘的話：

「你們男人都一個樣，沒有一個有擔當的，都很不負責任。」

這語氣連我在電話中聽到都感受到壓力，我相信她肯定對她老公說過無數次了。我接著問她：

「妳上次有提到妳有一個哥哥是嗎？他是做什麼職業的呢？」

「我很少跟我哥有互動，聽我家人說他現在在成都，但詳細情形我不清楚。怎麼了嗎？」

我聽著她敘述家裡的情況，雖然輕描淡寫，卻讓我心裡更加確定了某些假設，於是開口問了：

「你們家一定很重男輕女。」

「老師你怎麼知道？」

其實這位太太在與老公互動的過程中，每當有了口角，就會自動引入生活腳本，但她自己是不會意識到這情形的。我從她談及她跟哥哥和老公之間的語氣及神韻，發現了一些端倪，這些蛛絲馬跡對我來說很重要，那是不同的對象，卻是相同的情緒。她的一句「你怎麼知道？」更透露出心中的無限悲傷與百般無奈。

「你父母親重男輕女，哥哥從小享受著父母親的各種資源，但他沒有因此對你疼愛有加，反倒對妳更加霸道及無理。」

「老師，你怎麼會知道這些？」

當她說出「你們男人都一個樣，沒有一個有擔當的，都很不負責任。」的時候，她其實想要表達的是對哥哥的憤怒，卻把老公捲進了她的生活腳本裡。

她的表情告訴我，我說對了。她的聲調安靜了下來，我知道她在思考一些事情。

「妳從小最討厭的就是沒有被告知就直接處理，而妳爸爸及哥哥就是這個樣子。哥哥受到爸媽的寵愛，妳卻一直以來都沒有得到該有的尊重，所以很討厭不被尊重的感覺，偏偏妳老公這麼剛好也做了相同的事情。所以妳很生氣老公**應該**要先讓妳知道才對。這種不被尊重的感覺對妳而言太熟悉了。」

老婆在不反應期把「應該、必須」與「生活腳本」自動融合在一起，成為「我的老公**應該**、**必須**不能像我爸媽哥哥這樣對我」，她把這兩件事情混在一起了，所以她自然質疑老公明明就是你應該去接的，但腦袋閃過的卻是過去爸爸哥哥對待她的點點滴滴的生活腳本。

我們的身體會快速找到相對應與當下感受的生活腳本，情緒見縫插針的與當下的事件無縫接軌的連結在一起。

「這也是妳這早婚的原因！」

她整個驚嚇叫出：

「你怎麼知道？」

「妳看起來很年輕，又講到兩個念大學跟高中的兒子，所以應該很早就結婚了。要不是家裡給妳這麼大的壓力，妳怎麼可能那麼早婚？」

「哇！這樣你都知道」

「凡事都要大膽假設，小心求證。」

這位太太憶起兒時情景，不忍悲從中來，覺得自己很對不起老公。

「倒不用覺得對不起老公，我們的對話不是要讓妳自責，而是要讓妳發現問題。學會遇到問題的時候，可以向內去探索，而不是向外去跟所有人要答案。我相信妳老公可能都不是那麼完整的清楚妳生命經歷了什麼，也不知道妳怎麼會有這些地雷。」

沒多久後，我開始跟老公視訊對話。

「怎麼樣？我老婆是不是很不可理喻？我跟你講，女人就是不能寵，只是叫她去接個小孩有什麼好發脾氣的？平常都是我在接的。」。

「大哥，我請教你喔，你父親是不是管你特別嚴格？」

「這跟接小孩沒關係吧，我現在在跟你討論我老婆，我們要離婚了，你還問我爸爸是不是對我很嚴格？」

「是啊，當然有關係了，關係還大的很呢！你知道嗎？為什麼你兒子這麼安靜？」

「學生本就害羞啊。」

「那倒未必，也是有很活躍的學生，你很清楚兒子在意你對他的評價？你對他算是期待很高的對吧！」

「當然期待**必須**要高啊，不然出社會怎麼有競爭力呢？」

「所以有看到嗎？你爸爸怎麼教育你，你就怎麼教育你兒子。同出一轍！」

這位大哥頭側了一邊思考著，似乎有點聽懂了些什麼，我繼續說：

「你現在跟你爸爸的方式又不一樣，你的招式比你爸爸的多出了一〇八招，你全面籠罩兒子的生活，以前沒有電話、沒有網路，所以沒有辦法這麼快速的全面控制。但是現在你對你兒子是完全滲透，所以你兒子完全沒有屬於他自己的空間。」

老公安靜了下來，他的表情默認了我剛剛說的，確實如此。

「我不知道你幾個兄弟姊妹，但我可以理解你父親對你是相對嚴格的。甚至會刻意測試你的底線，看看你是否足夠堅強。」

這位大哥跟我說起一個小時候的故事，我相信這故事對他的影響是深遠的：

「小時候，我爸很喜歡在眾人面前調侃戲弄我，我印象中他會把我的褲子脫下來，我也不知道他為什麼要這麼做，接著他會用手指頭彈我的生殖器。」

「這樣子的情況到什麼時候？」

「到了我唸中學還是持續發生著，我感到極度的羞愧與不舒服。有一次我騎腳踏車摔車了，我爸過來不是把我抱起來，而是用力的踹我並把腳踏車踢開，然後很生氣的對我說，『以後不用騎了，這種簡單的事情來學不會！』所以每次看到父親我都很有壓力。」

「你總是默默的接受發生在你身上的事情，所以你老婆也**應該要**像你一樣，接受每一次的突發狀況。當她因此發脾氣時，你為此感到不解。」

從小面對權力者的老公，當權力者再次發出權力時，他能做的就是接受，他認為他**應該**這麼處理事情，他**必須**服從這份權力，**不應該**有所抗議。就算爸爸踢我，把我褲子脫下來戲弄我，我都應該說服自己完全服從接受，在職場上面對主管也**必須**是如此。

「關於隔天要去接兒子這件事情，我想是老闆臨時通知你的。」

「是的，但我隔不到三分鐘就跟我老婆講，我從來沒有隱瞞她。」

「我絕對相信你沒有隱瞞她。」

老公在面對問題的時候，也沒有讓自己停止思考，更沒有去覺察到自己腦袋正在思考著什麼，接著脫口而出補上一句多餘的話：

「她們女人除了會亂發脾氣、情緒化之外，還會幹嘛？」

這位爸爸在職場上遇到問題的時候，主管臨時要求這位爸爸加班，留下來處理一些事情，老公不自覺的引進了自己過去發生的生活腳本，他告訴自己**應該**要服從接受所有臨時發生的突發狀況，如果他做得到，他的老婆也**應該**、**必須**跟他一樣這麼做，可沒想到老婆反應這麼大。

有多少男女跟這對夫妻一樣，活在過去的生活，然後處在現在的狀態。我說：

「你們誰都沒有錯，你們根本不知道自己發生了什麼事情。當面對權力者時，你總是變得卑微膽怯。」

「難道不用尊敬老闆嗎？」

「尊敬是肯定要的，但是那個態度會讓老闆覺得你是可以被罵的人。」

我再問他：

「你知道你老婆他有個哥哥嗎？」

「知道啊。」

「那你知道你岳父岳母對她哥哥比較好嗎？」

「知道啊。」

「你覺得你老婆這輩子最在意什麼事嗎？」

「她就不喜歡我遲到、不喜歡我晚回家。」

「不是，不是在意你的部分，是她本身在意什麼？」

「她沒有什麼在意的，她都ＯＫ的，但她有時候情緒說來就來，弄得我也很不舒服。」

「她最在意的是，她沒有被尊重。」

這尊重不只是一個你幫我接小孩好不好，而是你們後續的對話。

「老婆你明天可以去接小孩嗎？」

「為什麼要我去接？」

「叫你去接你就接嘛，問這麼多。」

「你很奇怪為什麼不早點講？」

其實這也是她從小到大跟她爸媽還有哥哥的對話模式，她不喜歡被控制，她不喜歡不尊重，所以她根本不假思考的把這熟悉的對話感所帶來的憤怒情緒，轉移到老公身上。而老公也不自覺的引用了屬於他自己的生活腳本，自動引進了他與老婆之間的對話中。他們一來一往，穿插了彼此腦袋裡的**「應該」**、**「必須」**，他們在廝殺，在直球對決，可是他們沒有感覺。

最後的結果就是「我覺得我們不適合，我們離婚好了。」

我後來對著同框的兩人說著：

「你們兩個人都念到博士，卻沒有好好去分析這些心理流動。」

「確實，我們結婚二十多年了，多多少少也都知道彼此的成長環境，卻沒想過要這樣去思考對方。昨晚我們很認真地思考著，怎麼會對彼此如此的不瞭解，原來是對自己的不瞭解。」

情緒來了，讀了再多的書也沒能幫上什麼忙，就像多數人認同了原生家庭確實對我們造成了至深的影響，但真遇到了問題，情緒來的時候，誰會同理他小時候是不是被家暴？誰同情她小時候到底經歷過什麼事情？我們根本無法控制自己的情緒，應該說我們根本沒有去練習如何控制情緒並與它好好相處。

越能夠看懂自己過去經歷的生活腳本，就越能在情緒爆發出來之前，去控制它、消化它。內心世界永遠是我們的第一現場，而不是外在世界的人事物身上，他們只是代罪羔羊，何其無辜。

最不值得的事情即為幫他人的情緒買單

你有沒有發現，我們總是不經意地受到別人的情緒影響？看到別人不開心，就會有壓力，有內疚，總覺得自己有責任。

別人的情緒為什麼會影響到你？負面情緒就是情緒垃圾，一次又一次的積壓在我們的內心。承受、處理別人的負面情緒真的很消耗人，所以我們會本能性地想遠離那些負能量的人。面對別人釋放負面情緒最好的方式，當然是離他遠遠的。眼不見，心不煩。可不是每個傳遞負情緒的人，我們都能在生活中進行隔離。這時候，保護自己就是件非常重要的事。

該怎麼保護呢？

最重要的就是「界線」，**界線的第一步就是尊重而不介入**，允許別人可以有情緒自由。別人有什麼樣的情緒，是他的自由。他憤怒、傷心、抱怨、失望、難過、可憐、搞失蹤，是他的事情，但要不要吸食他的這些情緒，這就是你自己的選擇了。

你有沒有想過：**別人的情緒，為什麼會影響到你？**

人之所以被影響到，不是因為別人有情緒，而是自己沒界線。總想去安撫別人的情緒，為別人的情緒負責，想著如何拯救別人的難過，消除別人的憤怒。這些喜歡當救世主的人，總把自己弄得特別累。這一類人都有一種看不得別人不開心的症狀，最後自己也跟著不開心了起來。

執行規則的背後，是想為孩子的情緒負責

M是一位媽媽，她覺得育兒很痛苦。

有次她跟兒子約好了玩遊戲一小時，然而一小時後，兒子要求要加碼十分鐘打完這一局。M出於寬容和理解，同意了。打遊戲嘛，嘎然而止是痛苦的，M懂。十分鐘後，兒子依然拒絕交

出手機，M就有意見了：

「不是說了一小時，而且已經額外寬容了你十分鐘了不是嗎？」在M的強烈要求下，兒子交出了手機，並開始生氣，罵媽媽是世界上最壞的人，賭氣把自己關在房間裡。M憤怒了：

「你氣什麼？自己說了一小時，不守規則，都給你多十分鐘了，你有什麼資格生氣的。」M跟我說，她好想把門踹開拉他出來打一頓。我問M：

「妳已經拿回手機了，規則如妳所訂的也已經在執行了，他停止玩了，妳的目的也達到了，但妳在生氣什麼呢？」

「你真該看看我兒子他那一副不願意的樣子啊……」

「妳在期待什麼呢？期待他自覺、自願、開心、積極地停止遊戲，心滿意足感恩戴德地交還給妳手機？」

「起碼態度要好點吧。」

「所以妳不僅要兒子執行規則，還高期待的希望他態度很好地遵守這項規則？」

執行規則這事，除非規則本身是有利於自己的，不然很少有人能覺悟高到要態度良好地去配合執行。比如紅燈這事，你趕時間的時候遇到了紅燈，你就會抱怨。你會說怎麼這麼倒楣，交通怎麼這麼差，城市規劃怎麼這麼糟，甚至會伴隨著很多髒話。可是你還是會配合執行這項規則，踩剎車，乖乖地停在紅燈面前，無論你多麼不願意。

規則能被執行，就完成了使命。要求別人快樂執行對自己不利的規則，未免苛刻了點。我說：「妳好像沒有辦法接受孩子生氣是嗎？他能夠有自己的感受或情緒嗎？妳的憤怒，是因為對孩子的憤怒有了內疚。妳感覺自己這麼強硬地奪手機，傷害到了孩子。孩子的憤怒清楚表達了他很受傷，而讓妳的孩子受傷，造成妳的內疚。妳認為孩子說對了，覺得自己是個壞媽媽，是全世界最糟糕的人。」

M的憤怒，在自己的內心是這樣在流動的，只是自己沒有覺察到：「我不想看到你憤怒，我很想做到不傷害你，讓你不憤怒，但是我又沒這個能力，不管我怎麼做，都讓你對我產生誤解，我真的覺得自己很挫敗。」

M消化不了這種內疚和挫敗，就會以一種憤怒的形式表達出去。

覺得應該執行規則，又怕傷害到孩子，最後就只能發火。這背後的心理因素其實是M想為孩子的情緒負責，為孩子受傷的情感負責，為孩子的憤怒負責。她沒有能力安撫孩子的情緒，認為孩子是因為自己受傷了，最後她只能氣自己，越說越大聲。

不要企圖拯救父母的情緒

K是一個女兒，她覺得和媽媽相處很痛苦。她敘述媽媽總是一副可憐的樣子：

「我就是砸鍋賣鐵，也要供妳上學。」

「不用，我有獎學金，也有在打工了。」

媽媽每次都做一整桌的飯，讓我先吃，接著說：

「我吃妳剩下的飯菜就好。」我說，那妳先吃呀，媽媽又會拒絕。媽媽常對我說：

「妳也知道妳爸爸對我多不好，我心裡有多苦。妳一定要爭氣些，多讀點書……」

「那妳離婚啊，離開爸吧！」媽媽又不願意，理由是：

「要離早離了，我忍氣吞聲這麼多年，不都是因為妳才不離婚的嗎？」K只能呵呵一笑。

「我媽媽總是一副可憐的樣子，我實在受不了。如果我沒有來到這個世界，是否我媽就不會這麼痛苦？我努力地聽她訴苦，但是我真的聽不下去。現在我只能把打工的錢全部給她，這是我能做到的彌補，我告訴自己儘量不去看她。我真的不需要她這樣啊。她自己喜歡這麼做也就罷了，為什麼非要說是為了我。我看到我媽就會一直提醒自己我是罪惡的，我覺得被強迫。」

我分析了K背後的邏輯：

第一、媽媽很可憐，身為女兒的我應該解決她的可憐。

第二、她的可憐是因為我的關係，我更要為她負責。

讓K感覺到被強迫的，從來不是媽媽很可憐，而是「我要為媽媽的可憐負責」的想法。媽媽的情緒，讓K感覺媽媽是可憐的，這讓K看不下去，覺得內疚，覺得自己應該幫助媽媽。可是K根本沒有這個能力，她才是一位大學生，她能做的實在有限，所以K只能對媽媽憤怒。K的憤怒是因為，理性告訴她應該幫助媽媽消化情緒，可是她自己又不想為媽媽的情緒負責，「關我什麼事情？」這種挫敗和衝突，讓她憤怒了：

「妳為什麼要讓我覺得自己是個不孝的女兒？這樣我很挫敗！」

這個社會裡，我們生活周遭還有無數個K，怕讓父母親失望。他們有的被逼婚，有的被逼給爸媽打電話，有的被逼聽嘮叨，有的被逼給弟弟錢、有的被逼換工作、有的被逼要為了這個家做出犧牲。**他們特別討厭父母以一種軟的、硬的方式控制他們**。讓他們憤怒的，不只是父母的控制，而是這些孩子們處理不了被自己創造出來的內在挫敗：不想讓父母失望，不想讓父母不開心。看到父母難受，自己也會難受。看似在對父母生氣，其實更是對自己的怒喊。

孩子們這時候都是想為父母的失望、不開心、難受負責，想通過自己的努力解決掉父母親的糟糕情緒。「拯救父母的情緒」，我從做子女的眼神中看到了無能為力的難度。對於我們的父母，他們習慣了不開心、失望、失控、難過、可憐，這是他們的一種常態，不是孩子所能改變的。在生你養你之前，他們的控制慾、付出狂、受虐症，已經決定了他們會無數次在這個社會上經受這種情緒輪迴了。這是一個做子女有辦法拯救的了的嗎？對於父母長年混亂的關係、失控的情緒、糟糕的生活，做子女的不僅拯救不了，還會把自己給搭進去。

看不得別人不開心的人，本質上都是自私

當我們看到別人不開心，就會有壓力，有內疚，總覺得是不是自己讓對方不開心的，我們要負起責任。內疚的時候，就想做點什麼，消除別人的不開心，來緩解自己的壓力。要嘛是犧牲自己去做滿足對方的事、要嘛是壓抑自己的需求不再刺激對方、要嘛乾脆憤怒的要求對方不要對自己有這麼多的要求。

為什麼會內疚呢？

「當對方有情緒，我卻不理會對方，就代表我是個壞人。壞人的感覺讓我內疚。我的理性告訴我，我應該回應你、配合你，但我的身體告訴我，千百萬個不願意，我不想回應、也不想配合你。這種感覺很撕裂，我就只好用憤怒或犧牲的方式來阻止、平衡從你那而來的情緒了。」

「可不可以不要對我有所求？不要出現那可憐樣、拜託你不要哭、求你不要生氣⋯⋯。如果

你沒有這些情緒，我既不是壞人，也不用安撫你，我也就不那麼累了。」

希望周圍的人因為自己而感到開心，這本質上是自私的，他們學不會給予祝福，不懂得去尊重允許他人不開心，無須為他人情緒不開心買單。

M的自私是：她剝奪了兒子生氣的權利。兒子在規則侵蝕了自己的利益的時候，需要生氣來緩衝。如果兒子此時不生氣，他會失去生命活力。可是M不允許兒子生氣，只是因為M受不了。

K的自私是：她剝奪了媽媽表達可憐和需求的權利。媽媽在表達自己可憐的時候，心裡會舒服點，這是她熟悉的生存方式。妳不讓她表達可憐，她會不知道該怎麼活了。可K不讓媽媽表達可憐，只是因為K聽不得。

而且，**別人的情緒，為什麼需要由你來負責呢？**

相信別人有能力為自己的情緒負責

內心強大的人是這樣的：

我知道對方很可憐、受傷、憤怒，有需求沒被滿足。但是，此刻我不想為這些情緒負責。這些從一開始就是對方的事。**你的情緒，你的需求，你本來就應該自己負責，就像我負責我自己**

的情緒是一樣的。

之前你的每一個反應都會讓我焦慮不安，我總覺得是不是我哪裡做錯了，但你有沒有發現這已經不是第一次你對著我說你好可憐，是因為我的關係；這也不是第一次你哭訴著說我沒有把你放在心上、沒有把你當成唯一，你覺得我深深傷害了你；這更不是第一次你說我總是讓你如此難過……

在沒有我的時候，你不是一樣活下來了嗎？

如果我不滿足你，我就是個全世界最可惡的大壞蛋。我同意你，在你眼裡，我就是不孝順、心眼多、自私、壞媽媽、壞小孩、壞朋友。可我並不因為你這麼覺得，我就真的是了，只是你這麼覺得而已。我不再反駁，也不必為了要讓你跟我意見一致而費盡唇舌。

你釋放負面情緒是你的事，你的自由。我無權也不需要干預你，我也開始練習學習如何尊重你的所有行為。

別人的情緒裡，其實都帶著大量的控制。同樣，別人控制不控制是他的事，而你接受不接受，就是你的事了。你自己沒有能力拒絕，你就要為自己的犧牲負責。

對孩子、對父母、對其他重要的他人來說，學會去尊重每個人都是獨立的人，有自主能力的人。**這也是信任，相信他們有能力選擇自己的情緒，更有能力為自己的情緒負責。**

如果有人拿死威脅我怎麼辦？這就要在保證別人生命安全的基礎上，自己要有把握妥協的尺度了。

強大的負面情緒來襲，我們絕對可以喊暫停。

等等我，我先去冰箱拿瓶啤酒，你繼續沒事的；

我就是想靜靜看你可憐、失控、抓狂、生氣、不開心的樣子；

如果你因為我不同理你、不認同你，覺得我是壞人而大罵，我會繼續請你再稍微等我一下，我要先拆包花生來吃。

脆弱的人，把負面情緒扔給別人，要別人來負責。

偉大的人，吸食別人的負面情緒，為別人的負責。

文明的人，自己消化自己的，把別人的還給別人。

所以，我們到底要不要為他人的情緒買單？

那是你的選擇啊，我會尊重你的選擇。

人生啊，
轉身之後，以假亂真

人生啊，真真假假，看起來像真的，其實全是假的，但假久了，好像又變真的了。

感恩祝福VS自我包裝

我們是個會感恩祝福的人嗎？感恩祝福最容易發生在哪裡？

臉書上！

只要是正能量的文章一定要分享，分享的動作也宣告著讓全世界的人知道這些善知識就是我認同的理念，代表著我就是這樣的人。

感恩祝福最容易發生在哪裡？

餐桌上！

酒後三巡，我們真的要對這個社會做出一些貢獻，我們要帶頭做出示範，我們要一起響應號召更多有志之士來改變這個社會，給予更多的幫助，我們要讓這個世界變的更美好，我們要感恩一切的發生、祝福所有人平安順利。

我們的感恩與祝福都在空中、在餐桌上，大家德行高尚，客客氣氣，回到現實世界後，我們又是怎樣的一個人？我看到很多企業主，他們都是好人，只是不小心成了壓榨員工的老闆；很多大談孝道、強調家庭倫理的老師們，萬人景仰，只是剛好不小心對自己的父母親不聞不問而已；很多標榜正義重視道德的人，又這麼剛好把別人老婆的肚子給搞大了。感恩祝福成了自我包裝最佳的利器，看起來像真的，其實都是假的，我們說謊的時候，臉不紅氣不喘。

大家都在睜眼說瞎話，都在自我包裝，把自己講得特別的神聖，我們也把這些人當神似的。

熱情活力VS隨波逐流

我們生活中有那麼一群人，看起來特別熱情有活力，他們熱衷於自己的事業，也喜歡接受挑戰，希望周圍的人都可以跟他們一樣熱愛學習。我不能以偏概全，但很多人確實是建築在名利財富的架構上，半年後沒賺到錢，沒得到預期想得到的東西，早已見風轉舵了，信誓旦旦的熱情根本經不起考驗。

每一個看起來熱情有活力的人，有多少事不足以外人道？口袋空空，三餐不繼，苦撐傻等，半夢半醒，不清不楚。雖然大喊大笑，但沒有信念、沒有力量，其實是在隨波逐流啊！

貪嗔癡，自作孽不可活！怪誰？

跟著騙子久了，自己也成了騙子；催眠了自己，也欺騙了相信我們的人。

自我成長VS處理他人

人人都想要自我成長，不放過任何可以自我提升的機會，看似充滿靈性，一張口就是智慧與哲理，可是一轉身卻又是得理不饒人，從沒打算將所學所說落實於生活中，怎麼看都像在處理他人。

自我成長只是口號，處理他人才是真的。真正的成長是處理自己，可是我們不習慣處理自己；每處理一個人，就覺得自己好像又成長了一次。

忙祿充實VS糊裡糊塗

很多人看起來確實忙祿充實，但三年五年過去了，也看不出他到底在忙什麼，寶貴的時間可是一去不復返啊。

我們看不懂自己到底在忙什麼，時間過去了，拿不出什麼代表作出來，以盲導盲，整個人糊裡糊塗的。

以愛之名VS內心脆弱

以愛之名，確實是讓我們人生原地踏步的主因之一。

一句「我是愛你的」，關係就會出現化學反應，沒人可以招架。

只要一把愛拿出來，父母親、老公、老婆、員工、主管、孩子、朋友，所有人都得跪著接旨，有苦難言，一個也跑不掉。都是為你好，這樣的愛太沉重，更凸顯了說這話的人，內心有多脆弱。

真正的愛是要去祝福對方，可是在祝福的語言裡，我們更加希望對方留下來，履行你當時對我的承諾，要陪著我一起慢慢變老。

內心脆弱的人，擅長以愛之名進行關係綁架。

修心修口VS應該必須

「心想好意」、「口說好話」、「身行好事」、「腳走好路」，這些是多麼棒的修為，我們也常常以此勉勵警惕自己。

身旁也可以看見很多人將此奉為座右銘，遠看這麼一回事，近看可不是這樣的。這些想好意、說好話、行好事、走好路的人，總告誡著身邊的人：你應該這樣、不能那樣，讓人聽了好有壓力。

修心修口的人，只有他修的路是正道，其餘人都是歪道，信他者得永生。修行不在道場，而在生活中，我們把修煉自己的思言行成了應該必須的基本準則，全數用在他人身上。

虛心受教VS隨口問問

這七萬多人，真的有許多人是來調戲我老人家的。

「老師，你可以給我講一下我接下來該怎麼做才好嗎？我現在真的很辛苦……」

每一個人來找過我的你們，那無助的眼神我都記得，我都把你們的話當真相信了，可最後不都聽話照做：聽完別人的話，照自己的意思做。

當下的每個人確實辛苦，迷惘的眼神、虛心受教，才一個轉身，才知道原來跑來問問、聽聽看才是真的。如果你不是真的想要有所改變，拜託不要隨便去招惹他人，還養成了一身的壞習慣。

珍愛自己VS自私自利

人是最愛自己的，最愛自己的我們怎麼會讓自己情緒起伏這麼大？關係這麼混亂？愛自己都讓自己遭受這麼多的折磨了，我們還能用什麼樣的態度去愛他人？他人肯定因為我們的愛，承受了多少的傷害。

一個不會愛自己的人，自然不會去愛人，所以在團體裡我們的人際關係出現了問題，我們沒想過是對待自己的思維方式出了問題，反將問題怪罪到他人身上，最後卻說我要開始愛自己了。用愛自己的說法來進行自私自利的行為，這只會讓關係惡化、變本加厲。

自我覺察 VS 下次再說

要謝的人太多了，那就謝天吧；要改的錯誤太多，那就改天吧。

一旦發現自己的問題在哪裡時，並沒有打算去修正它，所以，知道了又如何？永遠都會下一次再說。

「我知道我脾氣太差了」、「我就是很愛生氣」、「我下一次不會這樣亂發脾氣了」。事實上，你上一次也是這麼說。會對人說出這些話的人，並不意味著具備覺察的能力，只是要讓大家知道，我並沒有打算要真正做出改變。

「我知道我很糟糕（或很不好）」，這種先發制人的方式是一種宣告，更是一種挑釁，你們誰也不能再說我了！看起來好像在自我反省，其實是讓大家知道這件事情到此為止，下次再說。

捍衛信念 VS 咄咄逼人

當有人觸碰到你的信念底線時，該怎麼處理？捍衛它或是任其遭人踐踏？信念，是我們賴以生存的力量，透過信念我們才能勇往直前，當我們的信念遭到質疑，我們當然可以表達自己所思所想。傳遞信念的過程是溫和且讓人舒服的，那才是信念得以為人景仰的原因，然而我們的信念遭人檢視的同時，反到張牙舞爪的強行壓境，要他人遵從你的意志，這世界上似乎只有你的理解才是真理，凡事都得依照你的遊戲規則來執行，咄咄逼人的氣勢，確實讓人吃不消。

尊貴優越 VS 自卑驕傲

尊貴優越是一種氣質，不需要透過顯擺來凸顯自己有多棒。我們的內在到底有多麼的匱乏？要不斷的透過外在加碼來提升自身的價值，藉以提醒周圍的人看到我們有多優秀。尊貴優越是一種發自內心的狀態，那是長期累積而成的強大力量，只有越發自卑的人，才會透過物質來傲視群倫，不可一世的樣子。

你當然可以買最棒的車子、住最好的房子、穿最貴的衣服，但我看到的這些人，身上呈現的全是內心的匱乏，越是顯現尊貴優越，越透露出內心的自卑與驕傲。

廣結善緣 VS 迎合討好

在你還沒有足夠強大、優秀時，先別一股腦兒的花上你最寶貴的時間去社交。人脈當然有其重要性，但可以的話，最應該第一優先做的是多花點時間讀書、閱讀、培養興趣、提高專業技能。

人脈是共振來的，不是你積極加入組織團體，就能如你所願的擁有所有的資源。百花齊放、爭奇鬥豔，你以為你能一枝獨秀，不如內在安定自若，當你準備好了，蝴蝶不請自來。放棄那些無用的社交，把那些時間跟錢都省下來，好好提升自己，世界才能更大！

低質量的社交，不如高質量的獨處。

人前顯貴 VS 人後受罪

我都覺得我們現在所擁有的一切，不論是好是壞，這都是我們應得的，老天本來就很公平。我總是在想這些站在人生巔峰上的人，到底是怎麼熬過那一段黑暗期的？五年？十年？這需要多強大的心理力量來支撐啊？要在人前顯貴，人後要受多少罪？這樣的交換有多少人願意？

至於還在走這過程的朋友，請咬緊牙關。凡打不死我們的，必定使我們更加堅強。

了然於心 VS 一身習氣

我們看起來好像早已了然於心，不害怕被議論、被討厭、被冷漠、被孤立，我們談論著人生不過是如此，有什麼好計較的？

「做人啊，要懂得放下！」

瞧瞧說這話的人，那眼神口吻，看似對命運全盤的接受。但轉身過後，依然可以感受到當事人還在爭奪名利、關係複雜，一身習氣。我們專門聞別人身上的味道，卻聞不出自己的味道！他人對你的感受就是你身上習氣的總和，他人對你是怎樣的感受，我們自己怎麼會不清楚，不想去面對真實的自己而已。

活在當下 VS 逃避卸責

痛苦是因為你和成長對抗。害怕未知進入你的生命；你是半心半意、又想又不想的。我們不想面對自己的選擇，因此會有痛苦。活在當下，創造靜心的能量，你內在的空間便會呈現。現在只有你一個人，無需為自己辯解，對自己承認自己確實是不完美，這麼做才能使你變得更強大！讓自己越來越好本就是我們的責任，但我們沒能讓自己越來越好、甚至不喜歡現在的樣貌，於是我們不斷解釋，將自己的行為合理化，只因為想要逃避自己的不負責任，也因為我們沒有把自己處理好。

不要一直逃避。一再逃避只會讓我們到不了想去的地方！

道理都懂，
就是做不到

我們對很多事情其實是一無所知

平常我們總聽到別人說起一句話：

「道理我都懂，就是做不到。」這些人的潛台詞其實是：

「我知道我要控制脾氣，我知道早睡早起對身體好，我知道學了就要去練習，我這個人就是這樣，我都知道該這麼做，但就是做不到，所以還是算了。」

很多人沉溺在這個邏輯中，心安理得地維持現狀，不願做出行動去改變。

這個邏輯聽起來很合理，但其實漏洞百出，最大的漏洞就是：你真的懂了嗎？

即便是面對某個大家都知道的道理，如果你沒有真正掌握，那自然不知道怎麼做。不知道怎麼做，那就不可能會去做，這和你是怎樣性格或者用怎樣的想法概念來看到眼前的事物，一點關係也沒用，只因為：你不知道。

什麼是「知」？左邊一個矢，代表弓箭；右邊一個口，代表箭靶，也就是說，所謂的「知」就像射箭正中靶心一樣，能夠百發百中，代表你終於學透了，你完全能掌控這個事情，才叫「知」。

我去企業培訓，最後都會問大家：

「有什麼問題嗎？」現場一片靜悄悄，不然就是興高采烈的說著「沒有問題」。既然如此，沒問題就要報好消息啊，我等了大半年了，怎麼還沒傳來好消息呢？肯定是有問題。

我舉個概念來說，給你一幅畢卡索的畫，讓你使勁兒的看，你想看多久就讓你看多久，如果要拿尺來丈量也行，現在你將每一線條全記住了，也都知道了。來，給你一張紙，把它全部畫出來，你能畫得跟畢卡索一樣嗎？

很多事情，我們總以為自己對其非常瞭解，但事實往往是：我們對其一無所知。

有一次，朋友阿傑對我說：

「我知道早起是一件好事，但我就是太懶，怎麼也做不到啊！」

我看著他笑了笑：

「不，這和懶不懶沒啥關係，關鍵點在於：你對『早起』這件事一無所知。」他反駁我：

「早睡早起身體好，熬夜對身體更有害，所以要早起。」我問：

「熬夜確實對身體不好，但你感受到哪裡不好嗎？」他遲疑了一會，又說：

「那確實沒有，哪怕每晚半夜兩點睡覺，我也能睡夠8小時，睡得也很香，身體也沒什麼不健康的。」我笑了笑：

「所以你沒有真實感受到何謂早睡早起身體好，那這句話對你就沒啥激勵作用了啊。」

多數人都只是遵循思維慣性，對事情的本質缺乏瞭解，執行起來效果往往大打折扣。有人說：

「我知道不能輕易發脾氣，但就是控制不住。」那我問你：

「你在什麼情況下容易發脾氣？除了外在引爆你脾氣上來的人事物之外，有沒有想過，又是什麼事情觸發了你內心的點？你發完脾氣後，周圍的人受到了什麼影響？」再比如，你說：

「我知道下班回家要好好學習，別總是玩手機，但就是做不到。」那我再問你：

「下班回家要好好學習，為什麼很重要？除了玩手機，你知道自己該做點什麼事情嗎？你給自己訂過什麼目標嗎？」

如果這些問題，你都答不出來，那你怎麼敢說，自己「知道」了道理，只是做不到？

所以，「知道卻不去做」，沒有這樣的事情。明朝的哲學家朱子說：

「未有知而不行者，知而不行，只是未知。」

沒有一個人是真的知道而不去做的，知道了不去做，只是因為沒有真正知道。天底下沒有知道而不去行動的人，你會知道又不去做，那是因為你根本不知道。一個都知道的人，他不可能不去做，不去做的原因，是因為他不知道。

我們說我都知道，道理我都懂啊，但就是做不到，這就代表你不懂這個道理，如果真懂這道理，怎麼會不去做呢？你懂多少，就會做多少。做不到，只能說明你壓根不知道，你以為你明白，其實你根本不明白。

「知道」並不能過好這一生

知道並不代表，你就可以好好過這一生了。就好比大家在看這一本書，很多道理都懂了，但不代表每個人就能夠很安全自在地渡過這一輩子不是嗎？

我對話過的這七萬人，哪一個人不是知識淵博、才高八斗？他們背景都大有來頭，所有大道理都能朗朗上口，上知天文下知地理，好像沒有什麼是他們不知道的。光看這些光鮮亮麗、錦衣玉食、活在金字塔頂端的人們，誰不是羨慕死了？他們一開口就是真理，值得我們向他們學習，我們都想要靠近他們，想要變得跟他們一樣。

既然如此，這些人跑來找我幹嗎？關於前面所說的妻財子祿壽，他們根本早已不缺，在所有人眼中，這已經是人人稱羨的生活了，來找我的目的是什麼？什麼都知道、什麼都擁有的他們，並沒能過好這一生；什麼都知道的他們，在關係上明顯的出了很大的問題，習慣用錢解決問題的他們，發現沒辦法用在關係上，錢無法解決他們的問題。我身上一定有他們沒有的東西，他們想從我身上獲得某些東西，不然這些人怎麼可能跑來我的眼前，他們都已經那麼成功了不是嗎？

不管是藝人、企業家、政治人物、上班族、家庭主婦，能言善道、氣勢強大的比比皆是，他們一個個都比我更懂得這個世界是怎麼運作的，與他們對話，我像個井底之蛙似的大開眼界。但，什麼都知道的他們，為什麼不讓自己此生此世好好的生活呢？他們為什麼感到痛苦？

有的大道理只是一大段乾巴巴的文字

「很多道理我都知道，只是做不到。」這句話好像成了裹足不前的一塊遮羞布，看似自我嘲諷，其實是在自我保護。大有一種「不是我做不到，而是沒有去做、懶得做而已。」的味道。

三流的點子加一流的執行力，永遠比一流的點子加三流的執行力更好。

每一大段乾巴巴的道理中，為何讓總讓我們知道卻執行不到位呢？

1、誘惑力不夠，自身的格局太小

我以看書這件事情為例。很多人知道看書對自己是很有好處的，很多學生朋友都跟我要書單，他們想跟著我看相同的書。很多人書是買了，可是一本也看不下去，或者總是看不完。

因為看書並不能立刻收到效果，接收不到回饋。我們只知道看書對自己有好處，卻不知道什麼時候能得到好處，能得到哪些實質性的東西，所以就會很懶散，三天打魚五天曬網。這就跟運動健身一樣的道理，到底要健身多久時間才能看到效果？

如果我們換一種方法，現在告訴你，在一個月內，只要你能看完五本書，就可以拿到五百萬的現金獎勵，同時把現金堆好放在那。

天啊！別說是你，連我自己都半夜起來啃書了。別說是五本書了，就是五十本你也給它看完，現在吃飯，上廁所，連以前追劇，玩遊戲的時間通通都拿來看書了。

現實可能有這種好事嗎？我不敢說，但確實這機率很低的。那為什麼有些人能夠在得不到好處的情況下，堅持看書，透過學習來提高自己呢？

答案是：格局。

格局大的人懂得自律，知道自己只要堅持做這件事情，三年、五年過後，一定會和其他人拉開差距；反觀格局小的人，看不到那麼遠，只看眼前能不能得到好處，不能那我就不學，浪費時間的事絕不幹。我還是想跟大家倡導一個觀念，開卷真的有益。當你懂得道理越多，思維結構就會越成熟，就越容易將執行力提高起來。

越是優秀的人，越喜歡學習，越努力提高自己；而越是平庸的人，才是真正最需要去學習的，但他們都在荒廢時光，然後說沒錢。

貧窮限制了想像，平庸限制了追求，你可以對照身邊的人和自己，仔細琢磨下是不是真有這個道理。

2、因為你仍有退路，還沒被逼到懸崖邊

只要你的日子還過得去，還有退路，還沒有被逼到一定的份上，為何要做出改變？你不學習，不努力，一樣可以過得不錯，有房有車，歲月靜好，這城市混不下去，那就去另一個沒人認識的城市，世界之大，再不行，背後還有父母支撐著。

我們明明知道肥胖對身體不好，但為什麼遲遲沒有付出行動來減肥呢？減不減肥對你來說，並沒有到生死的地步。如果醫生告訴你，你太胖了，再不減肥，會有生命的危險，你會不會主動去減肥？肯定會，因為你想活下去，你被逼到了一個不得不行動的懸崖邊上。如果你的生活沒有壓力，你就不會想著去奮鬥，人都是有惰性的，誰會想要去過上苦行僧的生活。工作累了一天，晚上回到家好好放鬆追個劇，樂呵呵地，再來點零食水果，這日子多爽多舒服。你今天舒服了，明天舒服了，等到三十歲以後，四十歲以後，你就不會舒服了。

慾望消失了，你不知道它什麼時候就這麼杳然無蹤。

許多人宣揚的斷捨離和小確幸的生活哲學，有沒有可能是為了自身沒有大的野心和慾望找的一個體面的藉口？現實畢竟是殘酷的，等我們有了家庭、有了孩子，再有了一些年紀之後，這

種無力感會更強烈。

一個沒有慾望的人生是易碎的，我們沒有儲備足夠的財力、體力、經歷，就跳不出底層，即使沒人為難你，年紀一到，生活稍微發生一點改變，就很容易成了落難犬。

人的潛能是無限的，你自己想一想，當你認真想做好一件事的時候，是不是特有戰鬥力？且往往也是以你能完成的情況收場。而且這時候的你，心裡也是挺佩服自己的，這種滿足感和自信，會催生出更強大的你。但多久沒有這樣的感覺了？

人生就是如此，當你越來越有自信的時候，戰鬥力也越來越強，執行力也越來越到位。

越懶越窮，越努力越幸運，這才是一個良性迴圈的過程。知易行難，知道簡單，做起來難，但再難也要做，你現在透支未來的舒服，將來怎麼辦？都知道的你，趕緊開始行動起來，制定目標和計畫，不要淪為空談，不然就是根本不知道。

當你行動起來的時候，其實已經戰勝了很多人，因為很多人永遠停留在知道做不到的狀態，這是多好的機會，不成功都難。

1：3：21

人在低谷之中，總喜歡簡單粗暴地把失敗歸結於外在環境的種種原因，卻不去用心思考一下，

自己失敗的原因到底是什麼。

「道理我都懂，就是做不到。」這句話最大的缺點是，它以一種自以為是的腔調，隔絕了自己變好的所有可能性。

如何讓所知落實到日常行動中？

「1分鐘的學習＋3個小時的思考＋21天的身體力行」

花1分鐘獲取的知識，要用3個小時好好去思考，這些主題概念在生活中的方方面面有何關聯性，才能真正吸收。最後用21天去刻意練習，只為了將這1分鐘的知識帶入生活中身體力行。

舉例來說，「待人善良是一種選擇。」我們聽完都覺得認同、有道理、我知道了。我們花了一分鐘獲取了這樣的知識，也都明白這句話的涵義了，但我們僅停留在知道的基本概念，試問有誰真正花上三個小時的時間去思考這句話背後真正的含意是什麼？我們如何去理解，並將這句話試著放在各種關係、突發事件、生活當中呢？在接下來的21天身體力行，我們才能真正體悟到僅僅是一分鐘甚或是一句話的知識，就已經可以讓我們的人生避開掉許許多多的災難了。

事實證明，我們並沒有做到。在生活中，隨處可見人與人之間的對立、爭執，我們沒有做出待人善良的選擇，縱使道理都知道，卻依然沒有辦法讓我們避開危險，因為我們知道的不夠徹底，我們沒有對這一分鐘的知識進行更深入的探討與理解，自然無法身體力行，舉手投足都不見待人良善，還覺得為何他人總是這麼殘忍？

每個人都有很多座右銘，我們是否曾花三個小時思考這背後的意義？從小讀了這麼多古聖先賢及偉人傳記，聽完或許感到慷慨激昂，但隨著故事的結束，我們也跟著拋出腦後。

我有一次對著台下數百位的學生說：

「你們花了三小時來聽演講，回去後有多少人會再次細細思量課程內容？這三小時的內容，要用五百四十個小時的時間去消化吸收，然後再用三千七百八十天，也就是十年的時間去身體力行耶！此刻的你們總說著收穫滿滿，這可是意味著未來的十年，不會再有狀況考驗你的人生了？」

實情是，隔天依然一堆莫名其妙的事情接踵而來，昨天明明還收穫滿滿的，為何今天還是災難不斷呢？這說明了，所謂的收穫滿滿是一場自我欺騙的催眠。我們的思考沒有做任何的改變，唯有將所學進行分析並與生活事件連結，你才會找到答案，所有讓你痛苦掙扎的事件會在你思辯的過程中，直接粉碎處理完畢。

人生所有的道理都是一通百通，只要你願意花時間去思考，發生在眼前的所有人事物，都能被你帶到正在思考的道理上。你才會發現，人生充滿著這麼多的哲理寓意，只要你真正用心去體會，就能從這個思考點連結到另一個思考點，真的相通的耶。如果沒有經過思考，眼前發生的事物，你不會去多做連結，就像幻燈片一閃而過。這就是為什麼有人會因為一句簡單的話，就改變了一生。因為他願意奉為圭臬，視為真理，真正做出改變，那才是真正的知道，而不是淪為一句口號。

如果你的父母親、長輩、朋友，語重心長地跟我們說了一句話，你聽完之後覺得有道理，請你回去之後花上三個小時去思考那一句話的意義，然後用21天去身體力行，你的人生會差到哪去？

我們花了很多時間、金錢，不斷投入任何所有對我們有幫助的課程、演講，我看到大多數人很願意學習，這些人的生活為什麼還是有這麼多的狀況發生？因為沒有1：3：21這樣的概念。知道，並不能當飯吃，也不會讓你在他人面前顯得多了不起，我們把知道看得太偉大了。

所以哲學家說：

「人類為了能夠避開真正的思考，多數人都願意選擇繼續向下沉淪，不惜任何代價。」

我們已習慣具有張力且無限延伸的情緒，滿街都可看見情緒失控的人，我們每個人都具備了讓人痛苦的本事，自己事後又何嘗好受了。孤獨、沉悶、焦慮等等情緒總是令我們欲去之而後快。如果我們無法輕鬆面對這類情緒，就很難維持中道。頭腦要的是輸贏、毀譽，若有人欺騙、傷害、遺棄了我們，誰會願意面對這種赤裸裸的不舒服感，於是替自己捏造受害者的身分，然後想盡辦法發洩情緒、或者告訴所有人，對方有多糟糕。我們不由自主地想以各種方式來掩飾痛苦，因此心智幫我們做出選擇，選擇用認同勝利或成為受害者的方式。

我們必須隨時與自己對話，這會讓自己處在某種清心寡慾的狀態中。每一次只要有妄念升起，我們可以在最快的時間覺察到那是「念」，不讓妄念帶著我們團團轉，這就是在練習「安住於當下、不跟當下解離」的訓練。

然而，為何多數人總是做不到呢？

因為在昨天或者前天、上個禮拜或去年，我們都還不願意這麼做，所以現在自然做不到。若真要做到，上一次早就做到了。當我們現在就開始練習與自己對話，事情就會開始轉變，我們開始慢慢地不受「心靈電影院」的誘惑誤導。生活中，到底有多少劇情是我們自己在腦海裡播放出來的畫面？

自在的時間一次又一次的拉長，就足以證明我們正在進步著。雖然現在只能安坐兩分鐘與那不安共處，但昨天我們連一秒都坐不住呢！

控制好情緒，夢想才能繼續。

如果快速是有效的，大家早都成功了

我們總以為厲害的人天生就聰明，靠的是天賦。可如果你真的見識過一個厲害的人，你往往只會看見他們腳踏實地的努力，還有跟自己拼搏的果敢。

反觀大部分的人，我們不愛為難自己，總是喜歡選擇走那條最容易走的路。當要掌握一項技能的時候，你不是一步一步地去學習實踐，而是不停地向周圍的人討要各種學習資料筆記，得到後卻遲遲不願行動；當考慮職業發展的時候，你不是主動地去認識自己瞭解自己，而是直接去問別人你適合做什麼樣的工作；當面臨一次重大決策的時候，你不是去深思自己到底想要什麼，而是糾結於那些外在顯性的利弊得失。自以為聰明的人，永遠在尋找捷徑，而那些真正厲害的人，他們總是在下硬功夫，願意一步一腳印，穩紮穩打。

那些真正厲害的人，因為你離他們太遠，所以只看到他們光鮮亮麗、信手拈來的自信和輕鬆，卻從不曾瞭解過他們獨自努力時候的孤獨和艱難。大部分不想要腳踏實地用心努力的人，大腦裡都潛藏著一種「好逸惡勞」的思維模式。這種思維模式反映的就是一種凡事都有捷徑的心態，所以市場上也總是有很多迎合他們的產品廣告語，諸如「藥到病除」、「一用就靈」、「10天精通寫作」、「搭訕把妹一次成功」、「一個月閱讀完一百本書」、「這樣做就可以年薪千萬」

等等等等……

我曾經也是走捷徑的一員，但是經過這幾年的學習和打磨，我深刻地意識到，每條捷徑的背後，往往都有一個坑在等著你。如果你真的凡事走捷徑，才是真正浪費了大量的時間和金錢，而且無法真正靜下心來積累。這個世界裡能夠快速獲得的東西，一般來說都是廉價的。真正有價值並且稀罕的東西，往往都需要我們去沈澱，去思考，去感悟。

別關注問題，請關注解決

很多人的思維模式是「問題導向」，一出了問題，就把注意力放在那些持續困擾自己的問題上。但另一些人的思維模式，卻是「解決導向」，也就是出了問題，他們想的是：「這個問題要怎麼解決？我要做點什麼？方法和步驟是什麼？」、「我覺得自己糟糕透了，現在到底該怎麼辦？」

「問題導向」的人只能看到前半句「我自己糟糕透了」；而「解決導向」的人卻能看到後半句「現在到底該怎麼辦？」。

我們真的很喜歡去關注問題，被問題困住，然後束手無策。在關注問題的時候，以為自己正在處理問題，其實並沒有，我們只是把問題放大再放大，開始胡思亂想，並因為這個問題感到恐懼。

「我婆婆好像誤會我了耶！」

「我老公沒接我電話。」

「我主管說我怎麼都教不會，老是搞砸。」

「我小孩每天都在賴床。」

問題永遠不會少，但我們依然持續關注在問題上，一籌莫展：鴕鳥心態、不去處理、電話不想接、簡訊不想回、他不提我就不問、裝死好了……所以問題永遠無法解決，只會一直嚷嚷。我們要開始練習減少對問題的關注，反過來去關注自己是如何解決這個問題的。

我們把問題放大，大到讓我們看不到自己是如何解決問題。去解決它，而不是擺著看著它越來越大，要回到自己本身，關注自己到底為這個問題做了什麼處理，這才是核心重點。別一味自怨自艾，沉浸在這種痛苦中無法自拔，應當想辦法讓自己脫離困境。

將所學落實在生活中，最有效的方法就是與人對話。這是在幫助他人改變行為模式，是治本的，而不只是治標的「關注問題」。唯有注重「人的發展」，聚焦在「人」，而不是在「問題」上，從人的改變來消弭問題，事情自然可以順利展開進行。

人生到底是
走到廢掉還是走到顛峰

Ｈ的助理是一位台灣人，我透過助理認識了Ｈ，是一位國際相當知名的攝影師，他是馬來西亞吉隆玻人，我後來跟一些對攝影愛好的朋友們聊天才知道，原來Ｈ在攝影這個圈子這麼有名。我有一位攝影朋友是台灣人，他自己的作品已經獲得許多國際大獎，卻跟我說：

「如果下次還有機會遇到Ｈ，可否幫我要一張簽名照。Ｈ在攝影界已經是巔峰中的巔峰了，是許多人的學習目標與偶像。」

Ｈ的豐功偉業我是到了吉隆玻，去了他的工作室才知道，舉凡世界展望會的紀錄片拍攝、藝人瑪丹娜、湯姆克魯斯、美國總統歐巴馬、川普、馬來西亞首相、足球明星C羅納度、香港李嘉誠……等等，一張一張的宣傳照片，全都是由他掌鏡的。四年前，他的助理跟我說：

「老師，我想回台灣了，不想待在老闆身邊了，真的很受不了他。你知道嗎？我的老闆今年已經換了五十多位助理了，每個助理的壽命都是一天，最長的有五天，我已經跟在他身邊一個多月了，但真的頂不住了，根本是個神經病，歇斯底里的……」我跟他助理說：

「那你很厲害耶，還撐了一個多月。若真要離開，你自己覺得沒有遺憾就好了，我都支持你的。不過我感覺到你的老闆好辛苦，很孤單，你就當他是自己的哥哥，多陪他聊聊吧。」我沒想到助理會把這段話跟他老闆說，促成了我們的認識。

Ｈ很年輕，一看就是個藝術家，桀傲不遜，不到四十歲。他見到我一開口就問我：

「說說看來找你對話的，最有名氣的是誰？你一年的收入多少？你旁邊那些攝影器材，花了我快二十萬美金，但我只用過一次，有一次喝醉的時候拿它們出氣，全都被我摔爛了。」

H的能量很強大，確實會令人屏息，我可以理解這五十多位助理為何待不住，如果我在二十多歲的時候遇到這樣氣場強大的主管，我也肯定招架不住，真的會瞬間失能的。工作室裡的東西都讓我感到新奇，他坐在沙發上卻也懶得起身，任由我四處走動，也不阻止我東摸西碰。十多分鐘後，我向他道謝：

「謝謝你啊，真是大開眼界，太榮幸了，我就先離開了，不打擾你休息了。」

他確實是許多人心目中的神。有著高成就、挺著閃耀的光環、賺到很多錢，我是真心佩服。但我只感覺到他的狀態好糟糕，好混亂。這些物質世界的成就，確實會讓一般人自動矮化。他整個身體從沙發上微傾，滿臉狐疑，覺得莫名其妙，怎麼來了就要走了，可我依然堅決要離開。要求要碰面的是他、心裡有苦、感到難受的是他、沒有朋友的是他、感到孤單的是他、對人生疑惑的也是他、關係一團亂的還是他。很顯然的，我可以沒有他，但我知道他不能沒有我，在他面前，我自在的像一陣風，來去自如，笑著離開對我一點損失都沒有，我還樂意多了更多時間可以去外面走走晃晃，一個人悠閒著不是更好！H最後起身送我到門口：

「你有什麼話想跟我說的嗎？」

「你花了上千萬在攝影器材上，照理來講，你真遇到什麼問題，應該叫器材幫你解決。你那兩台跑車也挺高檔的，遇到事情，也應該請它們幫你解決問題，還有，你房間裡面那些數也數不清的名錶，它們也要負責讓你感到幸福快樂。」

曾經有一位企業家豪氣地買了兩棟豪宅，邀請我去他們家唱歌，開心的介紹他們家的空中花園，可最後親子關係出現問題，問我怎樣可以讓孩子回家，我開玩笑的說著，你應該回去問問你的豪宅，或許它們可以幫助你度過難關。

人就是這樣，把最寶貴的時間跟金錢花在幫不了自己的地方，最後生活出現了問題，才開始四處探訪名醫，希望大家救救他。人生 KPI 一看就是效度極差，能量、感受、文化三大指標都相當低落，所以生活才會一團亂，這就是一味追求外在的結果，**如果你不走向內在，外在就會匱乏**，真實不虛。

「老師，您在休息了嗎？」

這兩年多來，H 總是會在三更半夜傳來訊息，我知道他大概又喝酒心情不好了，當然有時候他只是純粹想跟我分享他這一次去了哪裡，拍攝了什麼有趣的事情。他的助理跟我說：

「老師，我老闆不會是愛上你了吧？老說著你不回他訊息，說你都不理他，要我請老師回覆他一下。我現在跟老闆關係還不錯耶，也開始慢慢覺得老闆其實挺可愛的……他現在罵人的次數也減少了很多，好像變了一個人。」

我其實沒對H做了什麼，是不是要讓自己開心，全都是自己的一念之間，我們都一樣。我在臉書上看到一位三年不見的學生，三年，才一千天，我竟然要停格放大照片，滿心疑問「真是他嗎？怎麼變得這麼蒼老？」

人啊，大概兩年三年沒見到面，再次相見多數人都明顯的老了，臉上有了歲月的痕跡，你可以看得出他飽受風吹雨打的跡象。所謂的瘋狂就是：

「我們重複著同樣的作法，卻指望得到不一樣的結果。每個人都相信這一次不會再像之前那樣，一定可以成功了。」你在做什麼？是不是天天做相同的事並期待會有跟之前不一樣的結果？除非你從這一刻開始願意改變。

時空假設

「時空假設」是你在特定時間，會自動產生某個基本假設論述。這假設會潛移默化的影響你的思言行，讓你深信不疑並毫不自覺地做出決定。空間包括這個家、這個辦公室，這一個團隊等等都是。

「反正在這邊上班三年內是不會加薪的」、「反正我爸媽就是這個樣子」、「反正我老公就是這個樣子」、「反正現在考大學就那個樣子……」

時空假設會讓你持續停留在那個狀態，因為它**讓你以為你只能這個樣子**，所以你就不會做出大幅度的改變。當你下定決心想要改變的時候，你的時空假設會拉回來說：

「醒來吧，不可能的啦，你怎麼可能升主管。」

「公司到現在，從來沒有兩年內就升主管的。」

你有一個時空假設，所以你就會停在那個地方，不會再做任何改變。你以為應該就這樣子，即便試圖做出吶喊、積極想要去挑戰：

「我不相信，我不同意，我一定會讓自己變得更好。」

很好！可是為什麼還是停在這裡？

一個人的狀態為什麼會越來越糟糕？這和他所處的環境是否持續給予他負面回饋有著極大的關係。很多人特別熱衷於許許多多的管理課程：時間管理、績效管理、目標管理，或是關於人際溝通、個人成長的相關議題，殊不知這所有的嘗試，還有一個相當重要的基本要素沒有被考量進來，所以學習效果實在有限，甚至是緣木求魚。我們始終沒有辦法成為我們想要的樣貌？反正我們也不求甚解，繼續聽別人怎麼說、跟風。

到底是哪一個重要的基本要素沒有被考量進來呢？

成千上萬來找我諮詢的人都有各種各樣的問題和痛苦。有人覺得自己很拖延，有人和周圍的人際關係有問題，有人覺得自己的生活一灘死水、有人覺得自己在工作上沒有明顯的突破……大家都在四處尋找有沒有什麼更厲害的方法／課程／大師可以讓自己變得更好，最後依然對生命感到毫無樂趣。我看到了這些人在遇到問題之後所做的努力，比如去學習時間管理的方法、學習調整人際關係的手段、學習怎樣把話說得更漂亮、學習怎樣穿搭可以讓自己更有魅力，學習所有一切能夠讓他們「快樂」、「有自信」等等。但迄今他們所做的這些努力，在我看來，縱使花上更多的時間、更大量的金錢，我依然可以大膽預言，他們還是無法完全達到自己期待的效果。

為什麼？

這最重要的基本要素是——「**情境**」——也就是真實性及環境對我們的影響何其大。

人是情境的產物，我們所有的認知和思維都會受到所處情境的影響。我們不斷地從外部情境得到回饋、不斷地受到外部情境的暗示、不斷地因為外部情境的變化而改變自己的心境。很多人根本不會去意識到，我們每個人受到眼前時間與空間的影響有多大。而這時空讓我們不自覺的在內心創造出某種隱含、無意識的「時空假設」，並主導我們外在的言語行為，但誰會去覺察到我們的言行受時空假設的影響是如此巨大呢？又或者身邊有誰會告訴你關於時空假設這樣的論述？

時空假設會隨著我們當下的境遇不斷地變化，也會隨著我們固化的行為模式和認知模式，不斷地強大升級，成為了我們的習氣。我們意識上的認知、行為恰巧與無意識的時空假設巧妙的聯手合作，強烈影響彼此。

時空假設會讓你以為——你就是這個樣子——你不會發現自己有什麼異狀，甚至覺得自己是一個勇敢積極熱情的少年，但我們就是這樣一步一步讓自己廢掉的。

好比你在一家公司上班，做了五年，你也工作認真，更不曾遲到早退。但實情是工作內容說不上有什麼太大的變化，人際關係沒變化，自己的生活更是沒變化。於是在這五年的時間裡，「時空假設」已將你的未來，固化並局限在這家公司、這個職位、這個狀態中了。

我們的格局、規模、成就，絕對不會超越自身的時空假設。

這也就是為什麼我們在離開學校後沒幾年就「喪失了銳利」、「磨平了棱角」，因為在你的時空假設裡，世界只剩這麼大了，而你看到的真實世界確實也就是如此。不管你主觀上、或是通過網路世界看到的世界有多大，你的潛意識也不會相信——在屬於你自己的時空假設裡，和你有關係的全都在這麼一點大的世界裡了，你只會在意你世界裡的人事物。

在你固化的生活情境之外的一切，你潛意識裡早已認定那些和你沒有關係。

每個來找我做對話諮詢的人，他們在一個環境裡一待就是五年、八年、十多年，感覺自己的生活越來越看不到希望。他們也很想做出改變和突破，也想做出新的嘗試，但總是不敢，總是邁不出那一步。我非常理解你為什麼不敢邁出去，在你的**潛意識裡並沒有把那個更大的世界當成是屬於你自己的「時空假設」**，你根本不在那個更大的世界裡。

就算你去過很多地方旅行，但你心裡也無法把那些情境認同為是屬於你的，你終究會回到自己的時空假設裡。對你來說，一個更大的世界只不過是一個理性認知上的熟悉、但潛意識裡陌生且被你拒絕的事實。你很想要擁有一個更大的世界，但這更大的世界對你而言卻不真實。一個人的「時空假設」決定了他對未來的全部願景，在他自身的時空假設裡所包含的，才會被認定是和他有關係的。

但如果一個人的時空假設是黑白的、狹隘的、渺小的，那麼他的世界、他的生活一定是充滿了無聊、無趣和無意義的。當這個人的時空假設裡，連自己都不在裡面的時候，他就對生活徹底失去了希望，抑鬱、悲觀、茫然也就因此而生了。

每個人的「時空假設」都隱含在潛意識之中，我們連自己都沒能真正看懂了，眼前的情境又如何能夠真正引起我們的重視。在與人對話的過程中，可以感受到當事人非常清楚自己的時空假設的空間就這麼大，沒有充滿太多的期待，但卻又期待眼前能夠出現有一個新的、好的世界，可多數人又不願在既有的時空假設的空間裡向前再跨越一步。

我們絕大多數人並沒有受過有意識的、針對情境影響的認知訓練，所以無法直接憑藉自己的認知和意志力去對抗或改變情境所帶來的影響，多數人只能接受眼前真實的發生。**當務之急的做法是，先有意識地改變我們的外部情境，積極主動地去創造對我們有利的環境，去創造被他人正向的關注我們自身，如此，情境才能給我們帶來正向的回饋。**只有處於一個舒服而健康的生活情境中時，才能將我們的「時空假設」轉化為健康的狀態，我們才能用這個健康的、穩固的時空假設去駕馭環境，才能真正再上一層樓。

當你認同某人的時空假設和生活情境的確對我們有多大的影響這樣的說法之後，再去拓展你生活的不同可能性，這和你不理解之前就去做，結果將會完全不同。至少你會開始遠離總是為你帶來負面回饋的生活情境，你不會先用否認的概念去面對問題。

有一個女孩，她只去一家店買衣服。但是那家店的老闆對她的態度不是太和善，女孩每次去購物的體驗感受都不是太好。老闆嘲諷她，說她好土、選衣服真沒品味、今天的打扮真是糟糕極了。這個女孩非常痛苦。但她還是每次都去那家店買衣服。別人問她明明去那家店總是受侮辱，為什麼還要去呢？女孩回答：

「其實我覺得也還好啦，老闆的個性就這樣，我也習慣了去那家店啊。」當別人再問：

「那去別的店不是一樣能買衣服嗎？換一家店不行嗎？」女孩猶豫了半天：

「我太懶了，不想換；別間店老闆的態度可能也一樣惡劣啊，而且我又不熟悉，換新店好麻煩。」

這女孩是有問題嗎？也太荒唐了。這是屬於女孩的時空假設，她若無法從這真實的情境中跳脫或做出任何的改變，只能繼續荒唐下去。

我們何嘗不是在自己的生活中重複著和這個女孩一樣的荒唐：一個總是傷害自己的男朋友、一份並不理想的工作、一群總是拿我們當樂子的朋友、來自父母家人毫無道理的管束……我們比這女孩更加誇張戲劇。我們缺乏改變的勇氣，將自己置於這些會給我們帶來持續傷害的情境和關係中。

「沒辦法，我愛他，不可能離開他。」

「這份工作雖然不理想，但除此之外我也找不到更好的了。」

「那些人雖然總是嘲笑我，但畢竟是朋友，我不想撕破臉皮……」

不是情境和別人在傷害你，而是你創造了這樣的情境，最後選擇允許被別人傷害，我們的生命就是這樣一步一步廢掉的。看懂自己的本質、做自己最喜歡的事情、和最喜歡的人相處，這都是我們自己可以決定的，主動改變外部情境，何須卑躬屈膝迎合討好，創造能夠給你帶來正向回饋的情境，並盡可能將之固化，成為自己的時空假設。

眼前真實的情境就是你的時空假設。

如何能夠真正讓自己越來愈好？去改變外在的環境，一次又一次的練習，直到他人對我們改觀，覺得我們是認真的並主動地幫我們對外宣傳。我們必須很正經嚴肅地意識到，眼前的真實情境架構起我們的時空假設，最後影響了我們的邏輯，一但我們反過來利用這些邏輯來幫助我們，擴充我們的世界，**我們就從被影響者變成了主動的創造控制者，進而影響情境裡的每一個人。**

正向關注

正向的關注意味著，你人雖不在現場，卻依然在某個群體裡維持著聲量，大家會談論關於你的事情，為這個群體帶來了某種正向的啟發與影響，然後再被傳誦到另一個群體。試問，我們生活中的每一天，到底有多少機會可以被他人正向的關注著？我們是因為被關注才存在著的，這不是新時代語言，也不是什麼哲學或靈性的範疇，這是科學領域。我們的身體充滿著能量，唯有透過他人的關注，這能量才能產生纏繞共振，身體得以存在。

我們如果沒有受到他人的關注，身軀就會像個隱形人，隱形於人群中，但我們卻又那麼真實的存在著，所以會對沒被他人看到的自己感到疑惑？當機會來臨、當貴人上門，我們會一再的擦身而過、被視而不見，因為我們沒有被關注，身邊沒有人在談論我們，有形的身軀也成了隱形的骨幹，我們像靈魂似的飄移。

藝人和政治人物，他們擅長製造話題，總能讓支持他們的人持續的正向關注他們，他們會讓粉絲們簇擁尖叫，這些正向關注讓他們得以存活下來。

「今天吃飽了沒呀？你在幹嘛？」

這不是關注。正向關注本身帶有啟發，我們一天啟發自己多少次？鮮少正向關注自己，自然不可能受到他人的正向關注。一個受到他人正向關注的人，會讓人對你產生強大的好奇，更願意相信你的所言所行，人們會更想要知道你現在在做什麼？他們會想要一直追蹤你，你的一言一行，對關注者而言都深具影響。

自媒體的時代已經多年了，我們有太多的管道可以主動創造被他人關注的機會，讓他人藉由這些管道來重新定義自己。可惜我們卻把這些管道拿來當作看八卦的、聊天的、打發時間、不正經的留言，我們透過這些管道創造出來的環境更多時候是抱怨、憤怒、對立、攻擊、懷疑。

我從成功人士身上看到的是，他們無時無刻都處在被正向關注的狀態，人不在，但依然大有人在討論著他們。我曾跟一位賣酒的朋友說：

「為何大多數人都不知道你在賣酒呢？」

「該宣傳的都宣傳了，我就是等不到客人上門來買酒啊，人家不買我也沒辦法。」

「因為你都一直在賣酒。」

「什麼意思？」

「我看你的臉書，永遠都是現在特價三瓶一千，都這麼優惠了，我在猜想或許連你身邊第一圈的朋友都對這訊息免疫無感了，否則怎麼連讚都不點了，所以就更不用期待有人會來買酒了。沒有人在關注你啊！」

我問你，如果從現在開始，一整天或半年的時間，都不准在臉書上談你的工作，請問你怎麼活下來？你怎麼賺錢？

恭喜你，你準備開始賺大錢了！

因為你就是整天在談工作，三句不離本行：「有沒有人要買酒的啊？」、「要買的朋友趕緊跟我聯繫啊！」、「現在買酒特價三瓶一千。」那你的工作只能三瓶三瓶的賣。

正向關注創造的是讓周圍的其他人關注你這個人本身，而非你所希望關注於你的產品，也就是酒。當周圍的人關注的是你的人，他要買酒自然會找你，可是如果你讓周圍的人關注了你的酒，他要買酒，身旁有太多人在賣酒了，他到底會跟誰買，我們一點把握也沒有。因為他從來沒關注過你這個人，所以有需求的時候，腦袋裡閃過的人根本沒有你啊。創造讓他人關注你這一個人，遠遠大於你的工作，「你」才是最大的品牌，品牌確認了，產品自然就有人會買單。你自身的狀態如果沒有調整好，產品就會跟你個人一樣，乏人問津，最後滯銷。每一個人都是這樣，明明要讓自己走到巔峰，最後卻走到廢掉，我們都不關注自己本身了，如何期待他人呢？

回到「時空假設」的概念，我們覺得跨出去的每一步都會有危險，凡事都得謹慎評估，又好比書中一開始提到的24笑之一「朝黑影開槍」、「怕風又怕雨」，我們總是擔心害怕，永遠只有你的生命最珍貴，還需要再更多一些時間去仔細斟酌；他人的生命不值錢，爛命一條，我們總是第一時間積極的鼓勵他人快去冒險拚搏。

有一次跟學姊們聚餐，學姊們的老公也都在現場。

其中一位學姊的老公對著我說：

「你現在事業越做越好啦，我們集團的大老闆竟然是你的學生，真的有嚇到。看你現在整個亞洲都是你的學生，感覺你現在過得很愜意，很棒啊。」

「是啊～我也覺得現在的生活我很喜歡，可是十多年前，是相當辛苦的，真的是身無分文啊。」

身上沒錢的狀態不是曾經有過那麼幾天的概念，而是長達將近十年的時間，那十年的期間，一個人獨自面對金錢的匱乏，下一餐在哪裡都不知道。你知道不假思索地進到速食店打開水龍頭直接喝自來水什麼感覺嗎？這我太熟悉了。你有過大搖大擺裝沒事的進到宴會餐廳，看著有哪一桌的餐食沒吃完，你順手牽羊把東西給帶走或當場囫圇吞棗吃下它嗎？我有過。因為沒有錢，肚子餓，總得想辦法填飽肚子。

學姊的老公嘖了一聲，不以為意說了「怎麼可能！」他以為我在亂講話。

「我是說真的，十年的時間，生活太不容易了，如此艱難，所以我真的是受夠了。」

「我不相信有人會把自己過得這麼慘。」

「是啊，誰願意讓自己過得這麼慘？我就是不願意啊。不相信會有人把自己過這麼慘的人，怎麼都在哀鴻遍野了？你再看看現在大多數人，真的很努力工作，結果想休息個幾天出國走走卻有萬般無奈，就算可以出國，還要仔細盤算費用是否超出預算。不然就是有了家庭、有小孩，哪也走不開，稍一請假，除了要顧慮老闆怎麼想，還要麻煩到同事多多支援幫忙代理，沒有一天是開心快樂的！你現在相信這世界上真的有人會把自己過的這麼慘的了嗎？人數還不少。」

仔細想想，自己在畢業時許下的期許，沒有一樣實現，反而包袱越來越重。醒來之後，又繼續沉睡，改變只是一時的心血來潮，根本不是玩真的。我非常肯定這一次的聚會，又如往常一樣充滿能量，可轉身之後呢？再一次真真假假，世界照轉，人生照過，吃吃喝喝，平安健康就好，期待再一次的相聚，再約。如果我們現在的生活有那麼一點點的不如意，往回想，自己就是那參與整個過程的元凶。

人，為什麼沒辦法改變？因為眼前的一切都告訴自己，不要浪費力氣、徒勞無功，這就是一個人的時空假設。他認為只能這麼做，沒有其他辦法創造被他人正向關注的機會，身上沒有任何值得被他人拿來探討的，我們花最多時間所做的事情，如果沒有為自身帶來意義，就不會有正向關注的發生。

「我們認識都快三十多年了，從你們結婚到現在也已經十幾年了，你們不覺得我們難得好不容易兩三年才聚一次會，但聊的跟上一次好像都差不多，工作、子女、八卦、職場黑暗……這些內容我們平常就已經天天在跟人講了不是嗎？真的講不膩耶，太沒有意義了。」

時空假設幫我們保住了平安，看似將危險區隔開來，但我們也跳不出這個安全框框了。我過去很長一段時間幫銀行跟保險公司做大量的培訓，我跟這些員工們說：

「你如果是客戶，假設跟你同一桌吃飯的全是做保險的，你最怕他們開口會跟你聊什麼？」

「保險。」現場異口同聲笑著回答。

「是啊，但換成你們是做保險的，客戶最怕的就是你談保險，可是你卻一直談保險；又或者你是賣健康食品的，相同的道理，大家最怕的就是你把健康掛在嘴上，誰都知道你每一個話題都挨著你的產品話題打轉，誰想要跟你有太熱絡的互動啊？再互動下去，時機成熟，下一步就是開口締結購買產品了不是嗎？客戶不想聽你到底真正從事什麼工作、賣的是什麼產品，人同此心，心同此理啊。」

「那這樣我們做業務的怎麼才能把東西給賣出去呢？公司業績盯的緊，我們也不容易啊！」

「不提！」

「啊？那不行，我肯定陣亡了。」

這就是多數人的假設，思維沒有提高到一個高度，我們只會原地打轉，根本走不出這個迷宮。就跟我那位賣酒的朋友一樣，我們要做到被他人正向關注的是我們自己本身，而不是我們做的事情。對方關注的只要不是你本身，就算有產品的需求，他想的人就絕對不會是你，就像你自己有任何需求時，不也是這樣思考嗎？我們沒能提高自己本身被關注的能量，每個月都在追業績，除非你本身有辦法讓他人對你眼睛一亮的給予正向關注，你的存在提醒了對方若對產品有需求，就一定就要找你，這才是不銷而銷。**提高正向關注，人生將會改寫**。那位賣酒的朋友跟我說：

「我每次心痛特價三瓶一千，竟然還有人覺得便宜沒好貨，還問我酒從哪裡來的？好像我會賣假酒似的。」

「我上次聽你談到健康的觀念很好，為什麼你不從健康的角度切入呢？」朋友回去後開始思考後，決定改變他的商業模式，他要開始賣健康。

越來越多人請教他健康的問題，但他依然在賣酒，他開始感覺到，之前特價沒人要，到現在六年的時間過去了，除了問健康之外，他賣酒的銷量已經是六年前的四十倍！原來受到大家的正向關注，力量如此強大。不過剛開始的前兩年真的很難熬，要堅持創造被他人正向關注確實需要一些時間，但想想其實也沒花多久時間，只要願意，絕對可以看到效果的。形象改變，受人關注，訂單業績就來了。

速度越快，時間越慢 $E = mc^2$

愛因斯坦的相對論，顛覆了人類關於時間和空間的認知。假設現在是西元二〇〇〇年，有一對二十歲的雙胞胎，讓哥哥搭乘著光速機去了外太空，並在外太空旅行一年，當他再次回到地球時，他二十一歲。讓哥哥驚嚇的是，他明明只去了一年，為何弟弟已經成了八十歲的老人？包含他所有的親朋好友，全部都成了風燭殘年的老人，他的同學家人甚至都多數凋零了，他不知道發生了什麼事，不是只去一年嗎？對他來講他，確實只去了一年，可是因為這個速度太快，快到我們感受不到時間的流逝，一切像是靜止似的。他的旅行時間確實是一年，但那是光的速度，這相當於是地球上的六十年，所以當他返回地球時，已經是二〇六〇年了，可是他卻只老了一歲。這個故事不是幻想，在理論上是行得通的，只是我們現今的科技尚無法證實這樣的假設。光的速度是驚人的，超乎我們的想像，它可以在六十分之一秒內從加拿大到法國，這意味著只要給光1秒的時間，它可以繞地球七圈。

然而，想法又比光速更快，我們一樣給想法1秒鐘的時間去繞著地球跑，你可以試試看，繞地球七圈一點都不困難。想法速度快到在我們日常生活的每一天，都是飛速傳播的，快到我們完全感覺不出異樣，快到我們感覺不出昨天跟今天的差別，快到我們感覺不出時間的流逝。就像哥哥明明只花了一年的時間，卻是經過了六十年。正因為我們的想法速度太快，無時無刻都在變化切換，快到我們完全意識不到自己的改變。因此，**速度越慢，時間越快；速度越快，時間則越慢**。

一個有在學習並提升思維的人，他的想法是在運動的，並且不斷接受新的資訊，快速切換思維的過程，並將思維落實在生活中，反覆驗證所學，一來一回的持續激盪想法，這就是為什麼一位有在持續學習的五十歲中年人，看起來卻像三十歲。越是享受自在的學習、思考的人，他生理結構上的時間確實變緩慢了，所以不會老，或老得慢。

我常從世界各地的學生們身上得到印證，一年只來聽一場演講的學生，跟持續長時間在大量跟進上課的學生，外型上確實很明顯的有落差。才兩年的時間，鮮少在學習的人，老態自現，這是不爭的事實。他們每次看到同期的同學們都會驚呼，為什麼你們都不會老？原因就在這，學習的密度帶動想法的快速轉動，身體自然年輕。我常跟我的學生們說，你們從哪一刻開始學習起的，你們的容貌就停在那一年，事實證明真的差不多是這個樣子。

大家想要成長，可是沒有人要改變，沒有真實帶入生活的改變，成長就不會太令人期待，所以速度越慢，時間就越快。這就是很多人在一成不變的生活後，成長速度緩慢，但老化速度卻變更快，很多人想為自己的人生做些什麼的時候，已經髮白齒搖，嘆息時間怎過的如此之快？

投入密度會自動帶入想法的快速運動。只要對一件事情能夠產生某種熱情，我們會在這段熱情的過程中，獲得某種養分，讓我們大量滋長。我們會看到生命力，看到年輕的眼神、看到充滿希望的自己。你的生命會長成怎樣，跟一個人有沒有在思考動腦學習絕對有很大的關係，唯有透過內在紮紮實實大量的能量轉換，才會讓我們的人生做出改變。多數人你看他慢則三年，快則一年或半年，狀態一下就跑掉了，眼神渙散，可以很清楚的感受到他正在風霜中度過、在冰雪中求生，有苦難言。所以要邁向廢掉或巔峰，取決於我們投入內在成長的密度與速度。唯有內在發生變化，外在才能真正心想事成。**要讓成長最快最有效的方法就是穩紮穩打**，看起來是最慢的，但其實是最快的，快就是慢。我們每次只要看到健身教練就說：

「哇！我要跟你的身材一樣。」講完了三年也不會跟他一樣，為什麼？因為都是他在練，你沒有在動。我在二〇〇九年認識一位企業家，他告訴我：

「你什麼都好，就是肚子裡沒東西、腦袋裡沒想法，說的話也沒什麼內容性，刺激不了別人的耳朵，可能是因為你書唸太少的關係，所以人生格局應該就差不多現在這樣，很難再上去。建議你去閱讀，透過閱讀或許還有機會可以對你的人生起到一些作用，未來的路也會走得平順一些。」

我當初是相當排斥閱讀的，很慶幸自己把這些話聽進去了，但要開始身體力行確實是一番掙扎，極度痛苦。我強迫自己閱讀了好長一段時間之後，才慢慢讀出興趣，也找到了一些方法跟心得，更沒想到後來會開始創作寫文章、出書，這一路走來就如同那位大哥所說，閱讀已經對我的人生起到一些作用，也讓我在這條路上走得平順許多。我自己很清楚，若是沒有大量閱讀，根本不可能走到現在這一步。

與人對話跟閱讀填滿了我的生活，我的頭腦從沒停過、不斷在思考，思考生命、思考我自己、思考每一位帶著困惑來找我的人，我把所有思考消化完的概念再與他人分享，如果沒有辦法解答當事人的疑惑，我會繼續思考是哪裡出了問題、繼續閱讀更多相關的書籍，裡面真的都有我想要的答案，之後再去跟更多人分享。當你的密度越密、速度越快的時候，你會開始聽見自己和他人的聲音，平常看不見的全都一一湧現，才那麼一轉眼的時間，你就到這個位子了。

關注自己太少，關注他人太多

「正向關注」不是去關注他人，是關注自己。

頭腦是一個思考者，它永遠在思考，可是它必須被關注，被誰關注？必須被「我」關注，我不就是頭腦嗎？不是的！「我」不是頭腦，頭腦跟心臟一樣，只是一個器官，需要有一個人來關注頭腦，去理解它到底在想什麼。那個人叫「觀察者」，觀察者在哪？觀察者就是生命，生命就是觀察者，你就是生命本身，你要去觀察頭腦在講什麼、在想什麼，你有沒有花時間去觀察你的頭腦？

沒有。我們總是在觀察別人的思言行，可以在最短的時間拆解對方，找出對方的動機並做出判斷，人人都是專家。觀察他說什麼？穿了什麼？做了什麼？去了哪裡？為什麼？

我們都在觀察別人，但從來沒有去觀察自己。如何觀察自己這太重要了，我們應該花最多的時間去觀察的人是自己而非他人。我們同時開始學鋼琴，為什麼他已經可以在大家面前表演了，而我還不行？我們來這家公司上班的時間差不多，為什麼他已經升上主管了，而我還得繼續幫大家跑腿買東西？於是我們開始觀察這些人，並一一拆解他們的言行舉止。

「她一定是跟老闆很熟，你看她從上班第一天到現在，裙子越穿越短，我覺得這個女生，一看就很有問題……」

「上個班香水噴這麼濃，她以為她是在哪裡上班？」

「他為什麼要笑得這麼開心，是不是想看我出糗？」

「為什麼每個人都竊竊私語，是不是在排擠我？」

「她不過成績好一點而已，需要這麼囂張嗎？還不是家裡有錢，請了家教。」

「業績好不見得就人品好，誰知道這業績是怎麼來的？」

我們看到有人比我們好，我們的腦袋就會自動幫對方貼一些標籤，我們永遠花時間在關注他人在幹嘛，卻很少花時間在關注自己。

面對失敗或尚未成功，我們更加擅長偽裝自己已經成功。偽裝成功，一般是虛榮心作祟。沈迷於偽裝的人，套路太多，手法五花八門，這些人都有共同特點：虛榮心強、心胸狹窄、見識短淺、思想偏執，並且對別人很苛刻對自己很寬容。

這樣的人，即便有鴻鵠之志，卻不肯腳踏實地的苦幹，他們總是喜歡投機取巧、偷懶耍滑、以小博大，賭徒心理嚴重，看不清自己的問題所在。為此，他們無法很好地提升自己，自然到達不了成功的彼岸。

我們花太多時間在對你一點用都沒有的人事物上頭，完全是浪費電。

你開過車嗎？你是怎麼讓車子啟動的？就算你不會開車，你也應該能理解汽車發動的操作流程。拿鑰匙、按下電動開鎖按鈕、把鑰匙插上、轉動、發動車子。如果沒有鑰匙，就無法開車門也無法發動車子，也不可能把車開出去了。所以，我們腦袋裡想到的是鑰匙讓車子啟動，要開車絕對不能沒有鑰匙，這就是眼見為憑的事實。但事實上，讓車子發動的是什麼？是車子裡面的電池，你從來沒想過，能夠讓車子發動的關鍵一直都不是鑰匙，而是電池。Iphone 如果沒有電，也不能再充電，它就是一個廢鐵，裡面的功能再棒也打不開。送人都沒人要。Iphone 如此，更何況是我們人。能力再好，長得再漂亮，如果一個內在沒有任何作用的人，沒有電，我們還有誰想要靠近他？我們一心追求的妻、財、子、祿、壽，只會一直消耗體內的電力，我們卻以為這過程是在充電，我們越用力，耗電量就越大，整個人就越難受，我們誤以為是自己不夠積極認真。我和小學同學聚會的時候，席間我對著其中一位同學說：

「你都沒有覺察到，你很容易因為老婆的一舉一動而生悶氣？」

現場的同學們皆頂著高學歷的光環，其中有三位甚至在上市公司擔任發言人、財務長、策略長，全都是人生勝利組。但他們卻同時疑惑的看著我說：

「要怎麼覺察？」甚至一位同學還寫在紙上問說：

「是兩個字嗎？」

可以想像他們的工作環境根本是個心靈沙漠地區，十多年下來這會是一個怎樣的結果？他們早已習慣被公司訓練成只對數字有反應，除了數字，他們才能好好生存。每次看著他們生活痛苦、壓力大，我始終相信他們對於想要獲得內心力量的渴望有多麼的迫切，然而我也知道多數人依然只能繼續相同的生活，如果人生勝利組都是這樣的情況，那其他人情何以堪呢？

他們也知道不能只是工作，要為自己充電。他們認為的充電就是旅遊、美食、休假，但這根本治標不治本。不管是在工作還是處在自認為的充電模式，不論什麼時刻，腦袋想的、眼睛看的、嘴上說的，依然是外在世界。他們關注這個世界、關注市場、關注同事、關注其他部門、關注主管、關注同業、關注客戶、關注廠商，幾十年來，沒有人告訴他們應該要關注自己。

同學們紛紛嚷著：

「關注自己幹嘛啊？有誰不瞭解自己？不就是努力工作，讓家人有好生活、把孩子給帶大嗎？真佩服你竟然有時間關注自己！這多無趣啊？這種日子，換成我早瘋了。」

我聽了大笑，說：

「學習從內在開始調整是很難熬的，因為這個社會、我們的家庭都不是這樣子教育我們的，就像你們現在覺得關注自己很無趣，你們肯定也不會這樣教育你的小孩要好好關注看懂自己，對吧？而我知道這麼做會讓我變好，這就是為什麼我們每次出來，你們一直說著工作壓力多大、還要加班、還要業績、還要管理、還要顧家庭、還要帶小孩……我才佩服你們，明知道你們現在的生活一點都不會變，還可以從過去堅持到現在，很有可能照你們現在的狀況，再十年日子也會繼續一成不變的照常過，換成我早瘋了。」同學們聽完後，覺得好像是有哪麼一點道理，開始問著：

「那要怎樣才可以不要工作的這麼辛苦啊？」

「離職啊！不然就是花時間來關注自己在幹嘛。」

「我在認真的問你耶，正經一點。」

「我很正經啊，這真的是我真心的答案啊，二選一！」

接下來大家的反應與表情，我其實大概都知道了，不是因為我們是三十多年的同學，而是七萬人的反應如出一轍，一想到生存的問題，只能縮了回去。觀察者沒有善盡職責，人生還是被思考者—頭腦控制住了。我們的內心，永遠充滿著恐懼，我們只會關注他人，我們裹足不前，然後原地踏步，抱怨這個世界、這家公司、這一群人對我有多麼的不公平。這個社會進展的速度太快了，我們多數人去沒能趕上，時間一到，就被環境直接碾碎。從沒關注過自己的人總癡人說夢話：

「我的夢想是……有一天我一定會成功！！」

回到過去，偉人還是那些人。

拒絕黑化，隨時提醒

拒絕黑化是需要彼此提醒的。從自己開始，主動創造這樣的環境。

三個在喝著下午茶的女孩子，你覺得她們可能在聊些什麼？感恩老公？感恩主管？感恩她們的工作環境？或者你覺得更有可能是在批判老公的不貼心？主管的沒擔當？公司的不人性？我們或許沒辦法很清楚的聽見這三個女孩子的聊天內容，但從她們的神情、語氣、姿態，我們大概可以知道是感恩多些還是抱怨多些。

我們正在黑化中。

我們的好姊妹、好閨蜜、好兄弟正在黑化中，他們遭受逆境，作為朋友的我們會怎麼回應？

「你不可以這樣誤解你老婆啦！我覺得你對你老婆更不體貼耶……」

「妳怎麼可以這樣罵妳的主管？妳自己看看這個月妳遲到幾天了……」

「妳是領公司薪水的人，在這邊說公司壞話不太厚道耶……」

要對朋友講出心裡的真心話是需要勇氣的。這樣的人不是沒有，但多數人往往選擇這麼說：

「啊！你老婆好誇張，她怎麼可以這麼自私，完全不顧你的感受？」

「我覺得妳主管好陰險喔！妳還是事事提防注意一點，下次跟他講話最好錄音。」

「這公司不待也罷，壓榨員工到這種程度，我支持妳提告……」

我們其實根本不清楚來龍去脈，事實上，我們不也只聽片面之詞嗎？然後火上加油，順道把自己心裡的垃圾倒出來，叫姊妹們也幫自己評評理。我們好像在彼此鼓勵，人生還有希望，但其實我們卻支持了對方，也被對方支持了黑化有理，繼續爭取。仔細看這些喝咖啡聊天聚聚的好朋友們，每一桌的頻率都差不了多少，幾乎都是進行著某種抱怨或對失控的局面而感到恐懼，才一碰面、坐下來就立刻進入黑化的狀態，經過彼此毒素的吸食，彷彿得到了某種養分，全身充滿電力回到職場或生活中，若再次受到攻擊或委屈，就再相約，永不厭倦。

我一位國中同學，這幾年生活的不是太順利，最後沒能撐過去，十五年的婚姻還是結束了。我們六個男生聚在一起，把酒言歡，話說從頭，朋友還是一輩子的好。面對遭受離婚打擊的同學，四個男生連番上陣的砲口一致對外，對於一個婚姻出軌、四處勾搭男人的女人，我們何須客氣。我們這一群男生坐在這聊著，跟喝下午茶的女孩子有什麼兩樣。

「兄弟，我老實跟你講好了。你結婚後一個月，才一個月而已，我就看到你老婆跟一個男生狀似親密地從一家飯店出來，但你才剛新婚，我也不方便跟你多說什麼。」

這是十五年前的事情，他現在拿出來講，不知道想要表達什麼？這是在放馬後炮嗎？因為好朋友離婚了，他只是想表達「我挺你，還有我在。」第二個同學就說：

「你前妻真的不是太好耶，我一直覺得她對我們很有敵意，這麼多年下來，我始終沒有對她改觀，我跟她偶爾偶爾會在工作場合遇上，但她的反應是更加冷淡，好像不認識似的。」

第三個同學接著說：

「聽說她娘家那邊是不是問題很多啊？我有一個學妹跟她是同事，有稍微打聽到一些風聲，公司的人際關係也出了一點問題的樣子。」其中一位同學對著我說：

「欸，你也講點話好不好。」

「你要我要講什麼。」

「你好歹講一下這女生到底是怎麼一回事的啊？你學心理的，又會看八字，你說，這樣的女生是不是早就該離婚了，還拖到現在。」

我聽完這幾位同學的論述，真覺得這女生一定是個可怕的女人，照理講我應該要力挺到底，全力撻伐這女生才對。黑化中的我們，誰會是清醒同理的？誰又會慈悲的看待這一切的發生呢？離婚的同學開口說話了：

「你們真的是我一輩子的好友，在我最失意落魄的時候，只有你們幾個會挺我。我心裡的苦只有你們知道。」

他講完看了我一眼，似乎覺得我真的得說點話，幫大家做一個總結才行。依照過去的聚餐經驗，我們每一個話題，最後也都是由我來總結的，所以這一次更不能例外。

「唉，你們跟他老婆睡過嗎？」我眼光環顧了所有的同學們。

「拜託，你這話可不能這樣亂講。」同學們個個表情逗趣，「再怎樣，我們生活的也算得體，工作也表現得可圈可點的，你開什麼玩笑啊，別鬧了。」

「你們知道他前妻的三圍嗎？」

「不知道。」

「你們知道他前妻月經什麼時候來嗎？」

「不知道。」

「你們知道他前妻喜歡吃什麼嗎？」

「不知道。」

「你們知道他前妻娘家在哪嗎？有幾個兄弟姊妹？」

「不知道。」

「你們知道他前妻工作收入多少嗎？」

「不知道。」

「什麼都不知道，你們是怎麼評斷這女的很爛的？十五年前跟了一個男人從飯店出來？這跟現在離婚到底什麼關係？她成了我們口中水性楊花的女人了，請問你們誰親眼看到或抓姦在床了嗎？」我轉頭對著遭逢巨變痛苦不堪的同學說著：

「老婆外面有男人，這是結果，而不是離婚的原因。這個結果背後總有個原因，你要去找到她有男人的原因不是嗎？可是從你一進門坐下來，頹廢的只知道一直喝酒，沉浸在受害者、被老婆戴綠帽的狀態，你肯定沒有去思考那個原因是什麼，我們再熟，三十多年的交情了，也沒辦法比你們兩位當事人更清楚的啊！」我再對著其他四位說：

「你們相不相信，或許此時此刻，她的前妻也找了她的五位閨蜜，這一群女孩子有沒有可能正一起痛批斥責我們的同學是多麼的過份、不負責任，十五年來對她做了多麼可惡的事情，怎麼可以這樣傷害一個女孩子……這是很有可能發生的。」

一人黑化，全體黑化，我們要隨時提醒，唯有如此，我們才能真正幫助到一個人，從某種傷痛中停止下墜，讓當事人看到自己的問題，意識到自己也參與其中配合演出，他才能長出翅膀，從低谷中再次飛翔。

「好恐怖的公司。」

「我覺得這樣不ＯＫ。」

「我跟你講，男人這麼晚回來一定有問題。」

「我覺得一個男生在廁所講電話是很怪的，我看妳真的要注意一下。」

「女生怎麼突然間要噴香水？你不覺得你老婆最近行徑很怪異嗎？」

「妳不要再逆來順受了，要勇敢的拒絕，不能一直被欺負，真的是太可惡了。」

為了生存我們開始黑化，我們企圖透過否定來得到肯定，最後依然得到的全是否定。

我的第一本書叫《停止抱怨的人生》，當初在跟出版社討論書名，總編輯問我：

「老師你有什麼想法嗎？」

「我也不知道耶，這交給你們專業的去煩惱了，我真的沒什麼概念。」

「你過去寫了這麼多篇的文章，有沒有哪一篇是閱讀量最高的？」

「喔，有一篇，那一篇叫停止抱怨的人生，我沒想到那一篇竟然有四百多萬人閱讀瀏覽。我當時的體認是：『原來大家都被抱怨弄的烏煙瘴氣、苦不堪言，請馬上停止。』」

抱怨就是黑化，我們自己都忘記要彼此提醒了，畢竟所處環境裡，沒什麼人在這麼做。你身旁如果有人在抱怨公司，你很自然就會跟著思考有什麼也可以拿來抱怨的。我們不是同化群體，就是被群體同化，最後身上僅存的正能量也被消磁了。

我每一次上完課都跟上完課的同學講，如果你們上完課，有任何一句讓你覺得有收穫的話，請你在公開地方跟大家分享，讓大家因為你的無私分享而被你感染。你看看你會得到什麼回饋，而這些回饋就是你的生態圈，好的回饋請續續保持，不好的回饋請主動去淨化它。

一個學生聽完之後馬上在她臉書上打著這一段文字：

「今天太感恩了，謝謝我的朋友介紹我來聆聽這一場演講，我覺得有很多收穫。生命從感恩開始。」

她傳了照片給我，告訴我她非常的訝異她的朋友們竟是這樣子回應她的：

「洗腦成功。」、「妳怎麼了？」、「發生什麼事情？」、「妳需要治療嗎？」、「妳中邪了嗎？」、「妳是不是喝太多了？」、「早點睡覺，別胡思亂想了。」

她再重新瀏覽她過去的發文，才意識到自己創造了一個可怕的生態。

「我真的沒有想到在多數朋友們的眼中我是被這樣定義，真的要好好淨化自己的生態。」

我們眼裡只有錢、成就、工作、車子、房子、八卦、感情、外表，才稍微想談一些關於內在的東西，大家就群起反撲，認為這根本不是我？我們都想要更好，可為什麼我們才想更好，大家的反應就這麼怪異，好像我們做錯了什麼？然後我們就又回到原本的樣子。每個人都因為所有人而有了自己專屬的生態，大家會在你的生態有這樣的反應是因為這是你的生態，你定義了這個生態的規矩，他們在其他人的生態就不會有這些反應。你，是生態的源頭，每一個人的反應說明了，你就是這樣的人。

你也不用灰心，一切都要從自己開始做起。你持續做，生態裡的所有人才會當真，才能開始彼此提醒，要更好。

你這狀態多久了？

用盡吃奶的力氣努力追求

我們熱衷致力於眼皮下的所有新鮮事，努力追求著妻、財、子、祿、壽，追求著男女愛情、事業、婚姻、人際關係、升遷，更好的工作、更好的車子、更好的房子。我們用盡了一切吃奶的力氣，請問你圓夢了沒？成功了沒？

你停在此刻這樣的狀態多久了？

我們耗盡所有的力氣在追求多數人稱羨的生活，我們想要跟他們一樣，但差距卻是越來越大，為什麼至今沒有得到我們一心想要的？

第一個怪圈——我很窮

「如果現在我有一大筆錢，我就可以做很多我想做的事情了。」

因為沒有錢，在經濟條件不足以支撐我的夢想的前提下，很多事情根本無法運作。這邏輯聽起來確實合理，曾經我也因為身上沒有半毛錢，根本裹足不前動彈不得，但現在，我慢慢去思考，到底是哪裡出了問題？沒錢的人始終一直沒錢，一定是有哪個環節沒有思考周全。

直到現在，我終於慢慢體會到，關於我很窮這樣的思維，是多數人都會犯的一個大誤區，這個思維怪圈才是讓我們原地不動的原因。沒有錢是結果，所以不必往結果做出改變，我們為了要讓這個結果不一樣，為了要讓自己更有錢，我們省吃儉用、兼差多打兩份工、每筆花費精打細算、減少消費慾望……等，可越是這麼做，我們的存款不增反降，更窮了。這個世界怎麼就沒打算要放過我們？更多的事情出現在眼前，我們還得花上更多錢，怎麼會這樣子？

一定要等到周年慶，買一送一才去；三人同行一人免費才吃；把走路當運動，省下交通費；不吃外食，回家自己煮，吃家裡用家裡睡家裡……

我們用了很多方法讓自己不要那麼窮，看起來好像奏效，確實省下好多錢，但一段時間後，為什麼我們更窮了？好不容易天天克制慾望，省下了十筆，卻莫名有一筆大筆的支出，再怎麼省也全吐出來了。

第二個怪圈——我很胖

我自己就掉入這樣的怪圈。天天講自己太胖，天天說要減肥、要瘦下來，加入了健身房、請了私人教練、還買了自行車，強迫自己要去運動，能做的都做了。但，為什麼我的身體依然被一層厚厚的脂肪包覆著，我好想看看脂肪後面那一個真正的我，何時得以重見天日？

身邊有人在說自己胖的嗎？拍照的時候一定要站在後面；覺得自己臉大、坐著的時候一定要找東西遮住肚子；永遠不滿意自己的樣貌、身材……等，如果可以苗條，誰希望擁腫？腿再細一點、肚子要再小一點、胸部要再大一些。最奇特的是，第一怪圈說自己很窮的人，和第二怪圈說自己很胖的人，重疊性很高，往往都是同一人。

我每次都對這些人說，我對你們太好奇了，人家是沒錢吃飯，窮到一身排骨，你天天喊窮，怎麼還瘦到只剩下肉？你老實說，是不是都把錢花在吃上面了？不論是台灣還是大陸、香港，許多女藝人告訴我，自從當了藝人之後，就不知道什麼叫飽的感覺了，她們的食慾從來沒有被滿足過。我開心的吃著美味的炸排骨，真的太享受了，但讓我驚訝的是，她們咀嚼這口排骨，但卻沒有將這排骨吞下去，一口一口的吃，然後再通通吐出來，接著再夾著另一塊排骨繼續咀嚼，繼續吐出來。每一個光鮮亮麗的背後，都有不為人知的辛苦，如果真覺得自己太胖，那可以學學這些骨瘦如柴的藝人們，只嚼不吞，只是我們做不到啊。

第三怪圈——我很忙

「我沒時間，時間不等人。」、「我有好多夢想都還沒有完成，好忙，我相信今年開始，我的人生將會變得不一樣了。」

我看每個人都是這麼的行色匆匆，他們永遠都這麼的忙碌，經過這麼長時間下來，依然不知道他們到底在忙些什麼，早出晚歸。計畫趕不上變化，這一群很忙的人，對人生充滿了希望，他們一路追趕，一路調整，要讓自己的人生在有限的時間內，完成所有不可能任務。他們的狀態不斷在改變，一下做這個、一下做那個；昨天說這好、明天又改說那個好，實在令人眼花撩亂，你很忙，天天周旋於各種會議，報表、電話、訊息，唯一不變的，就是忙。不知道在忙什麼，看不到忙出了什麼生命意義。

又窮、又胖、又忙，我們似乎跳脫不了這樣的怪圈，我們不知道從什麼時候開始就被這樣的狀況給困住，跳脫不了這樣的循環模式。

我們不是一心追求更有錢嗎？不是想要追求更好的生活品質嗎？不是希望可以家庭圓滿嗎？不是要讓自己可以輕鬆自在好好享受當下嗎？不是希望自己可以越活越年輕健康嗎？這不就是我們最想要的妻財子祿壽的普世價值嗎？可是我們為什麼都付出這麼多的努力，投注了這麼多的時間金錢了，還是感到迷惘無知？我們的生命功課到底是什麼？為什麼幸運之神沒有眷顧我們？

原以為只要更加積極努力就會改變，程度上是，但那只是外在的範疇，從沒有人對我們說過如果要往內在走去，就要比花在外在世界更多更長更久的時間，才能讓外在的物質世界顯化在我們眼前。我們以為也擅長的生存策略，並沒有帶領我們走向成功，相反的，這些生存策略正在傷害、侵蝕著我們，除非我們意識並真實的面對自己，然後做出改變。

很窮的人，想到的都是如何省吃儉用，最後更窮了；

很胖的人，想到的都是如何少吃一餐，最後更胖了；

很忙的人，想到的都是如何再快一些，最後更忙了。

頭腦思維如果沒有提升，根本看不到自己正處在一個多麼奇怪的圈子中。我們蒙著眼打怪，卻只是對著影子揮舞，找不到源頭，白費力氣，徒勞無功。

想像一下在投影機照著我們的手掌，我們手掌的影像清楚的投射在牆壁上。如何讓牆壁上的五根手指頭少掉一根呢？不會有人走到牆壁上去試圖凹折牆上的手指頭，那樣做一點意義都沒有，就算你花上了時間，牆壁上的五根手指頭根本動也不動，源頭沒有任何的改變，牆壁上的手指頭就不會有任何的變動，原地不動。

要改變牆壁上的手指頭，重點根本就不在牆壁上的手指頭，這就是提高思維的處理方法，因為要得到我們要的結果，讓牆壁上的五指手指頭少掉一指，就不能往牆壁上處理，費時耗工，又得不到我們要的結果。

如果頭腦的思維沒有改變，那結果只能一樣。

牆壁上的五根手指頭是平面的，只有二維的長與寬，然而在投影機前的手掌卻是立體三維的長寬高。要讓二維平面的手掌少一根手指頭，最快最有效的方法，不是處理牆壁上的那一隻手，而是處理投影機前的那隻手，只要你隨便其中的一根手指頭，輕輕向掌心一扳，牆壁上二維的手掌馬上少了一根手指頭，這就是往源頭處理，結果自然改變，完全花不到你多少時間與力氣。這是不同維度、不同層次的問題，如果沒有提升我們的思考維度，永遠只能花時間處理牆壁上的手。

馬跟驢子說：

「哎呀，我去了西方取經回來了。我看到了盤絲洞，也遇到了蜘蛛精還有牛魔王……現在我從西方揹著經書回來了，沿途景色真漂亮，這一趟收穫真的好多。」

「哇，想不到你真的完成這個壯舉！好羨慕你的生活，你的生活怎麼這麼多彩多姿啊，我覺得你最厲害的地方是竟然有辦法走這麼遠的路。」

「其實你走的比我還遠，你知道你都是矇著眼睛沒停下腳步，你所走的路程，早已經遠遠超過我從西方取經回來往返了。」

你會很無奈地發現，自己努力做出的改變，並沒有得到預期的結果。這就像推磨的驢子，因為被蒙住了眼睛，所以它不停地一圈一圈地拉著磨。它感覺自己是一直在往前走，事實上卻一直在原地打轉。

我們在改變的過程中，就像那頭驢子，我們希望自己能夠變的更好，但終其一生就像驢子推磨，蒙住眼睛的使盡轉圈，最後羨慕他人持之以恆的精采生活，我們只能一推就三五年。到了有一天年紀大了，推不動了，平安當然是一種福氣，只是心中遺憾太多。

提升思維的層次

人的思維是有層次的。你眼下的難題，往往需要提升一個思維層次來解決。低思維層次的人，總是將精力放在眼下的努力，更多神奇之處是發現越努力越無法跳出「窮」、「胖」、「忙」的怪圈。**關鍵不在於你不夠努力，而是沒有站在一個更高的思維層次來梳理。**

一個人的認知系統是非常複雜的，我們腦子裡可能存在著各種聲音、想法、批判，外界成千上萬的訊息也在不斷地湧入大腦。所以，有時候我們會下決心做出一些選擇或行動，但過不了多久，又會因為內心的無序而半途而廢。儘管思維有其複雜性，但當大腦在思考和決策的時候，還是有其不同的邏輯層次，從下到上依次如下圖所示：

第一個思維層次：來自於最底層的「環境感知」

這一層面的思考完全是界線外，也就是皮膚以外的思考概念，包括了人、事、地、物、金錢等。例如：「我生氣了」、「這個人我不喜歡他，我討厭他」、「這個社會現在又有什麼政策，我們要如何因應這個政策、公司有了新的人事頒布命令，我該如何面對？我是否要加班多一些收入呢？」

我們對所處的環境感知就停在這裡，停在這個地方，沒有太大的改變，但我們以為自己正在做出改變。其實我們的改變是接受這些突發狀況，試圖說服自己，事過境遷之後，我們以為我們處理了，其實是適應習慣了這些問題。然而，我們並沒有去解決。

第二個思維層次：「行動挑戰」

當你遇到問題的時候，你的思維層次不再只是像第一個層次單純去適應問題，或只在意看到了什麼問題，而是你已經展開行動、願意去挑戰這個問題。這一個層次的思考重點在於你做了什麼？有沒有去做？我們意識到自己是有能力可以去處理眼前的問題。這一層次的人不是一味的接受，他會提出疑問並找到答案，不會單向的接受命令指派或任何暗示，他們有互動有回饋，他們只是展開行動、接受挑戰並把這問題解決。

第三個思維層次：「能力選擇」

每一個選擇都是一種能力，當你具備的能力越高，你的選擇性就越多，那是一種自我能力的選擇與實際的發揮。如果我英文很好，那我可以當英文老師，但如果我又具備可以逗大家開心的能力，那我就又多了可以當國際導遊的機會。或者我可以出現在國際舞臺現場同步口譯，選擇性更廣泛。

最上層的思維層次：「價值觀」

價值觀，就是我們內心的一套信念拼圖。沒有信念，支撐不起我們的所有認知行為，它會潛移默化地影響著我們看待周圍事物和為人處事的方式。在這個思維層次上的思考往往不是在這個問題本身上，而是退了一百步，去思考每一個人事物的本質，以及這個問題背後代表的含意是什麼？

——為什麼會出現這個問題？

——為什麼我得做（或者不做）這件事情？

——這件事情重要還是不重要？

——這件事情很急嗎？我需要立刻著手進行嗎？

——這件事原本應該是怎樣的？

到了價值觀的思維層次，我們會開始尊重自己的選擇，不會感到害怕。因為這是我們經過思考後的決定，也成為了我們的信念。信念越強大，內心力量越強大，對於眼前的事情不會感到恐懼，反倒更加好奇，不是走遠逃離問題，而是進入問題本身一窺究竟。

多數人在問題迎面而來的時候，不會有太多思考。他們習慣在環境中意識到自己的感知，不管對於這樣的結果認同與否，他們甚至連嚷嚷都沒有，有時一個悶聲就接受現況。他沒有打算做出任何的改變，他們只讓環境改變。在最底層的人，不會有任何的行動，他們只會繼續停在這樣的狀態，「我很窮」、「我很胖」、「我很忙」，除非他們的思考層次可以向上提升到行動層面。

大部分人都容易陷入思維的瓶頸，不確定自己的努力是不是有效，不知道自己的改變能不能持續，該如何在短暫利益和長遠考量之間的取捨，更是無從抉擇，整個狀態就是困惑，糾結和迷惘，當下的難題也自然成了一團迷霧，無法看清楚其中的關鍵。

愛因斯坦曾說，**每一個層次所遇到的問題，很難靠這個層次的思維來解決。**

升維才能降維處理

在思維的層次中，每一層的思考都會對下面的思維層次產生影響，而更高層次思維上的改變，將會向下傳遞，從而在低層次上產生相應的改變。

問題出現的層次越低，越容易被解決。日常生活中的問題多是環境及行為層次的問題，而當問題是在信念價值觀的層次的時候，解決起來就更為困難。一般來說，一個低層次的問題，在更高層次的思考維度裡容易找到解決方法，反過來說，一個高層次的問題，用一個低層次的解決辦法，則難以有效果。

我很窮。有的人生活窘迫，大部分時候他都只是從外界和行動的層面上去思考，認為大環境不好、公司縮編、老闆裁員、減薪，但這樣的思考卻並不能真正解決一個人貧窮的困境。但是，如果用思維邏輯層次來推演，往往就能找到更本質的原因。

首先從環境層面來看，公司同事都在抱怨公司政策讓很多人受到影響，加上大環境不景氣，有一份工作就已經不錯了，所以他只能接受所有的安排。從行為層面來看，他目前很拮据、愛貪小便宜、只懂得索取卻不懂得給予，但他真的日不敷出，房租、卡費、生活費、車貸都快繳不出來了，他只能想辦法犧牲寶貴的時間加班或再兼差找第二份工作，來換取金錢上的平衡。

從能力層面看，他沒有專精的技能，找不到一份更好的工作，也沒有領導力，親和力，更別談能否與他人合作愉快。當初覺得英文難，趾高氣昂、打死不碰，如今面對公司在大量裁員與重用人才，只能眼巴巴地看著其他同事官運亨通，自己卻天天擔心受怕，為什麼我沒有這些能力？從學生時代至今十多年，只要在過去任何一年或一天願意選擇持之以恆的學習，這些問題根本不會讓我現在如此焦慮，但是我沒有這麼做。

因此，這類人本身在價值觀層面的信念往往是：財源供給有限，我只能更加縮衣節食、減少更多支出、再多找一份工作，我就能夠度過錢關，稍稍喘息了。

簡單地推演之後，我們就會發現，上一層的思維模式是直接影響著下一層的思考方式的。當他把這幾個層次的思考都理順了之後，再從高層次的思維模式到低層次的思維模式重新理解定義，眼前最低層次的環境感知才有可能真正地改變現狀。

我們必須先從價值層面來重新定義信念——不再把精力放在外在世界的金錢上，富者更富，窮者更窮，因為我們早已習慣向外看。再窮的人，錢還是不知道花到哪裡去了，他們從來沒有想過把錢投資在自己的腦袋，只會用時間換取金錢，最後時間流逝，金錢也守不住，「我很窮」便成了不爭的事實。

提升自己的能力價值，必須讓自己擁有更多的能力來做更多選擇，能力越多，自然能夠吸引金錢流向自己，後續的行動上也會變得自信而開放。懂得與他人構建雙贏的互助關係，你原本最痛苦的外在問題，早在你提升思考維度之後，消失無蹤了。

提升思考維度，投資腦袋穩賺不賠，人生才會進入一個正向循環。我有一位負債累累的學生，他始終堅持讓自己待在一個可以持續學習的環境，他必須高密度的讓自己處在提昇內在思考維度的環境。不到兩年，債務明顯的改善了。兩年久嗎？這學生坦承，當初覺得：

「放著眼前的事物不去處理怎麼可能？我現在就要立刻處理掉這些問題！」這麼艱難的時刻還要他花時間來了解自己好好學習，簡直太浪費時間了！當時他連兩天都覺得浪費時間，現在他才知道，兩年是最快的時間了，如果他沒有讓自己從價值觀改變，再降維處理環境感知的問題，他相信此刻的他，債務可能會增加更多，因為他的狀態只會更亂不會更好。

當你真正具備升維的思維模式，直到你的價值觀有了新的定義，你才有可能降維處理。在更高的思維層次上進行改變，往往才會從根源上解決問題，產生質的變化。

量變帶動質變

感到痛苦的時候，可以這樣思考：自己有錯誤的信念，或者排斥抗拒與自己不符的思考。**往源頭找會更接近本質，當本質改變了，就會看到全新的世界。**

我們不想改變，不願意對新的想法產生好奇，遇到問題第一時間的反射思考都是「他怎麼這樣啊？」、「這個人怎麼可以這麼做？」、「你這樣太不應該了……」一切讓我們覺得理所當然的事情，事實上都不是事情的全貌。

這就像我們在打怪的時候，破不了關、一次又一次的重來，該怎麼辦呢？升級自己的裝備、添加各種戰鬥能力，這樣才能提升戰鬥力，對比你裝備差、戰鬥力低的對手進行降維攻擊，從中獲勝。從低層次的思維模式，逐層往上探究高層次的思維模式，這樣一種升維的過程往往能夠挖掘出問題的關鍵所在，讓我們更清楚事情未來的演化方向，尊重自己的選擇。

當我們處於一個更高的維度，也就擁有了「降維處理」的能力，它讓我們從眼下的困局中跳脫出來，以一種全新的態度來看待問題，原來的問題隨之迎刃而解，甚至不覺得這是一個問題。提升了思維的層次，你就對現狀有了一個全新的認知。你擁有了更高的視野，看清了事實的真

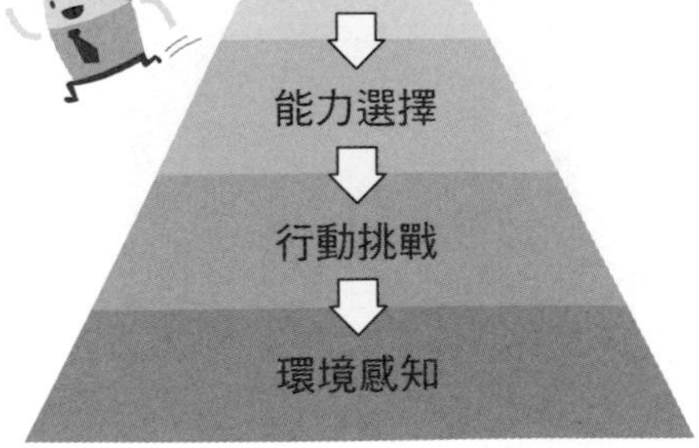

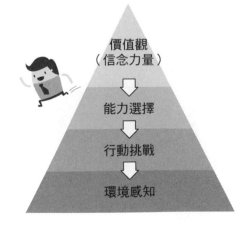

相，進而改變現狀，事事水到渠成、順勢而為。

人生就是一場長途跋涉的旅程，有時我們會遇到一片濃霧，不知所向，這時如果我們試著爬上一處高地，對照著手裡的那張信念地圖，往往就能辨別出旅程的方向，然後繼續鼓起勇氣，耐心地走下去。

如果你發現自己總是周而復始遇到同樣的問題，那就需要提升自己的思維層次，用「升維思考」來「降維處理」，從而完成人生中的破局。

從量變帶動質變，你會看見一個全新的世界，從此展開。

最佳男女主角

一看就是他／她

我們都看過電影，也曾經沒日沒夜的追過劇，就算沒有看過任何關於此部電影或戲劇的介紹，只要看沒多久，就會知道這部戲的男女主角是誰了。

戲劇畢竟是一個商業演出，關於顏值的概念我們暫時不去討論，除了顏值之外，就劇情內容而言，我們是怎麼定義誰是男女主角的？

戲份。

是的，在這部戲裡出現最多的就是男女主角，沒道理我們看一部電影或一部戲劇，都快結束了，還不知道男女主角是誰。男女主角的戲分最多，戲份次多的，肯定就是男二女二的角色了，以此類推，男三女三，整部戲的架構就是圍繞著男一女一，然後再把其他角色一一堆疊進來，隨著劇情的張力，峰迴路轉、拍案叫絕、引人啟發，好戲。

我們再回到這部戲本身，看戲的我們當然知道裡面誰是男女主角，演員們也知道自己扮演的是男女主角，他們精湛的演出正透過影像被螢幕外的我們看見。然而戲裡的角色，即角色本身而非演員，他們不會知道竟然有這麼多人在看著他們，他們不會知道自己的一舉一動成了這部戲的男女主角。

如果我們在看一部真人真事改編而成的電影或影集，我們和演員本身當然知道男女主角是誰，但戲裡所描述的那位真實人物，時間回到他／她當年的場景，他／她會知道自己是男女主角嗎？當然不會。

他們只是一個在生活中平凡到不行的人，誰會想到多年後，自己的故事會搬上大螢幕？不會有人知道的。

戲裡的主角在生活中遇到了瓶頸、難關，看戲的我們總會知道「他的機會來了」、「人生即將要翻轉向上了」，我們會知道男女主角將因這一次的事件改寫了自己的命運，只有男女主角自己不知道。這些瓶頸、難關被我們口耳相傳成了傳奇與經典，當事人卻一臉狐疑：

「我只是想要好好活下來，想盡辦法去克服它，難道其他人為了活下來，不會這樣做嗎？」

當然會有所做為。但克服的方法不一樣，走向的結果不同，命運當然大不同。

劇情吸引我們的，不是因為主角面臨了什麼樣的考驗。而是在面對問題時，由內心散發出來的力量，那份無懼與勇氣才能讓他們遇見幸運，是他們的生命韌性感動了我們，足以讓我們低頭汗顏，這才是主角與我們不同的地方！我們多希望自己能跟主角一樣。

主角光環

劇情裡的男女主角，永遠是壞人的眼中釘。壞人想盡辦法要陷害男女主角，可從男女主角的視野去看眼前的壞人，甚至不知道壞人正在設計陷害自己，看戲的我們也知道死不了的，不用擔心。看過「葉問」或「黃飛鴻」的系列電影嗎？

這明明是真人真事改編的故事，我們可以好好思考，葉問或黃飛鴻會知道自己未來將會成為電影裡的男主角嗎？當然不可能。

電影開始不久，葉問身旁出現了一二十個人，大家拿著武器對葉問攻擊，葉問甚至中槍了，此刻看電影的我們，會有人站起來說「結束了！主角死了，沒戲唱了！可以離開了！」會嗎？為什麼戲院裡沒半個人離席？因為這是電影，才上演多久時間啊！主角怎麼可能這麼快死呢？我們一點也不替葉問擔心，我們相信他可以一打十或更多。不會這麼快死的原因，是因為才上演不久還是因為他是主角？這明明是真人真事改編的，或許還原當時的場景，葉問在那個時候也可能真的中槍了，而且他也真的沒死，但那可不是在做戲。男主角中槍不會有事，但路人甲中槍可沒這麼好命，連一個死前的鏡頭都沒有，戲院裡也沒有任何人為路人甲感到哀傷。

男女主角摔下懸崖，不用擔心，觀眾知道死不了。可是一般人只是被壞人輕輕一揮，卻當場斷氣，為什麼會這樣？這就是光環理論。任何戲劇，主角都有光環，他有免死金牌，永遠刀槍不入，縱使身中十槍，或者刀劍所傷昏迷不醒，看戲的我們依然不用擔心他會死掉，相同的遭遇，若發生在主角以外的其他人，應該都死得差不多了。

我們的眼光永遠只有在男女主角身上。為什麼主角身上永遠有光環？為什麼不用擔心男女主角出事？因為這只是演戲？還是因為男女主角他們內心在面對這些難關考驗的時候，他們內心力量強大，讓我們知道了不必為他們擔心？他們不怕死嗎？當然怕啊，但他們更堅定相信自己死不了。他們不害怕嗎？肯定怕，但沒有人可以阻止他們做想做的事，就是這樣的狀態，所以光環能持續不滅跟隨著，是他們讓我們對他們更有信心。

為什麼我們不會替男女主角擔心？是因為我們知道他們是主角嗎？亦或我們知道，主角根本不會將這些困難視為一種阻礙？我們知道男女主角不僅不害怕面對阻礙，還非常確信主角不但不逃避，還勇敢的向阻礙走去、用行動克服阻礙。阻礙沒了，主角們因禍得福，連壞人也臣服於男女主角之下，甚至愛上了主角。

男女主角永遠不會死？不只死不了，還一定都會被兩個以上、三個、四個甚至更多人愛上？戲裡的每一個人就這樣一個接著一個的愛上他們、為他們瘋狂，這又是為了什麼？所有人都願意為了主角犧牲奉獻、痴痴的等。在女主角最苦的時候，就會有人對著她說：

「我剛好有一個朋友，他的房子空著沒人，妳就住進來吧。」哪有這麼剛好？我們都知道是男主角送她的，為什麼這一隻麻雀可以變鳳凰？好事會一直發生在她身上？

明明女主角沒有賣弄風騷，甚至是嬌小柔弱，只是在轉角撞上了迎面而來的人，她連頭看都沒看對方一眼，看戲的我們就知道又要多一個男的愛上女主角了，為什麼？這女主角到底是怎樣的手腕，可以讓所有男人都愛上她，圍著她繞著？處心積慮想要擁有一切的女二，卻永遠得不到她想要的，看戲的我們也知道女二就算用盡心機，也是得不到的，我們又不是編劇，怎麼會知道的？

主角永遠自帶光環

是因為我們知道女二不是女主角？還是因為我們不喜歡女二這樣的性格、這樣的手段、這樣的精明、這樣的權謀？我們不自覺得從戲裡看出了某種人性的端倪，對於戲劇我們很入戲，但在自身的生活中，我們卻很出戲，沒能將我們心中那一塊真善美用在自己的生活中，用在自己的身上。

男女主角不管遇到什麼人、到了什麼地方、遇到了什麼問題，他們永遠是那麼地光芒閃耀。

回到我們自己身上，每個人的人生，在這屬於我們自己的生命大戲裡，誰的戲分最多，腦海中閃過的每一個故事情節，不都是有「自己」參與其中嗎？原來自己的生命故事，到哪裡都有自己的精湛演出，我們的戲分如此吃重，我們知道這是屬於自己的生命故事，但卻忘了戲分吃重的自己就是男女主角。**看得很入戲，生活中卻很出戲。**

看戲的我們從不為男女主角擔心，因為你跟男女主角一樣堅信沒有任何困難可以難倒他們。然而，在生活中，這位主角——「自己」卻不一點也入戲，我們置身戲外，落荒而逃，身為主角的我，內心力量竟是如此脆弱？這樣的劇情，沒人要看，完全沒有收視率。我們的人生，就像流星，三十年一晃眼就沒了。你連一句台詞都沒有，人生就結束了。

你從來不知道自己就是主角

這個世界上有七十億人口，有七十億個劇本。是誰讓這劇本變得吸引人？男女主角當然要扛起票房，劇本裡戲分最多的人，自然就是男女主角，這一點無庸置疑，但我們表現卻不像我們過去看過的任何一部戲裡的主角。在生活中，似乎連個小配角都不如，可我們明明是主角！

你是自帶光環的主角，根本不需要花時間煩惱誰是壞人、往哪裡去比較好，因為主角從不為了生存而改變自己的初衷，而是打從心裡知道「我死不了，也受人歡迎，因為我是最佳男／女主角。」

我跟七萬人對話後才發現，他們身上是不帶光的。

「我真的可以嗎？」

「這樣好嗎？」

「這個決定實在太過危險，我還是放棄好了。」

「我到底要不要換工作？去另一家公司上班會比較好嗎？」

「老闆給我這個任務太過艱難，大家一定在看我的笑話。」

「好啦！再看看啦。」

「為什麼我身邊小人流言這麼多？」

「大家為什麼要這樣在我背後議論我？」

「為什麼我這麼可憐？好運什麼時候才會輪到我？」

「我好怕這份工作萬一沒了，我的日子要怎麼過下去。」

男女主角在面對問題來臨時，從不會有這些喪氣的想法，不論發生什麼事情，第一時間絕不是害怕。身為主角的我們，本該理解認知到：

「只有我自己可以串起所有的情節！只有我才能讓這劇情高潮迭起！因為我自帶光環，我會讓周圍的人感受到他們在看戲時那樣的狀態，我不應該害怕自己是否有能力能夠處理這件事情、不應該害怕自己會被傷害。相反的，我要讓身邊的人跟我一樣，對我充滿信心！」

我的人生故事還沒結束，我永遠都是主角。

我們的人生在某個年紀過後就不再閃爍光芒，孩提時，誰不是看到我們就圍繞在身旁？但如今，我們卻為了生活，卑躬屈膝、迎合討好，我們成了他人生活中的配角，甚至連配角都不如。生活一點都不開心快樂。一個內心世界充滿恐懼、灰色的主角，這劇情我想不會有人感興趣。

「我就是長的不好看啊！」、「我從小家裡窮，沒能念書，很早就出來工作了。」、「我就是不會講話，所以不受人歡迎。」、「我身體不好，對任何學習也不感興趣，我為自己的未來感到迷惘擔心。」、「我主管好像很不喜歡我，處處找我麻煩，對我很有敵意。」、「我是在單親的環境下長大的，感受不到溫暖。」

這些故事若發生在男女主角身上，總是能贏在不可能，賺人熱淚啟迪人心，可到了發生在我們身上，卻成了理由與藉口，讓我們走入了悲慘世界。除了怨天尤人、除了對周遭的一切憤怒之外，我們從來不去好好檢討反省自己，我們成了自己生命故事裡那位討人厭、無法得到眾人祝福的路人甲，沒有人會為我們悲傷，我們的生活只會繼續悲慘下去，縱使如此，我們依然看不見自己的問題。

我們明明是主角——自帶光環的主角——卻讓自己落魄至此，光環不再。

無須刻意，就是敢

我們在螢幕外看著男女主角，知道他們不但死不了，還一定會度過難關，更知道最後是個美好的結局。我們入戲，進入了男女主角的內心世界，一丁點都不會為了眼前的阻礙感到困惑焦慮。堅定的眼神、無懼的態度，這就是內心力量，我們也被感染了，所以不會替他們擔心。

現實生活中，想想現在的處境，我們本就是主角，為何卻過得如此辛苦、低聲下氣，如此不堪？我們是戲分最多的主角，卻連一句台詞也沒有，就算開口了，也沒有人願意聽我們說些話，甚至讓只在我們人生中出現幾天或者戲分之輕的路人甲，他們隨意的一句話，我們就被弄死了，這劇本有極大的問題。

所有的劇情中，不論是否是真人真事改編的，男女主角的性格都有一個基本調性，他們從不去刻意展現自己，只認真專注做事，遇到了困難當然也會不知所措，但從不迴避閃躲，面對便是。主角有一個共同特質，就是理所當然的去做、去承擔，這是戲外的我們比較少做到的。他們無所畏懼，因為心中存在信念。他們對內無愧、對外無懼，我們之所以入戲入迷，就是他們挑戰時的那份大無懼、無欲則剛，那樣的性格令人肅然起敬。我們也喜歡那樣的狀態，但現實中的我們，思考行為卻偏偏和男女主角相違背。

一個窮困的小孩，最後如何成為紅頂商人並且富可敵國？

一個天真浪漫的小丫鬟，最後怎麼成了皇后？

當事人至始至終可能都沒想到自己會走到這一步，透過劇情的鋪陳，轉化成電影或戲劇的方式，我們看到了，這些人還在他們什麼都不是的時候就已經嶄露自帶光環的姿態了。他們為人所不敢為，他們沒有害怕，更不會刻意討好誰，大家都會喜歡他們。我們用看戲的心態在看待戲裡的主角，卻沒想過自己就是主角，也可以跟劇情裡的每一個主角一樣，逢凶化吉、大難不死必有後福、也可以活出精采、處處受人歡迎啊。

只是一個轉角碰上，就可以讓對方愛上，為何男女主角會有這樣的神奇魔法呢？我們時而清醒時而恍惚，以為這些只是劇情看看就好，卻沒去認真的思考。戲外的我們，比每一部戲都來的精采，我們沒想到自己就是那位男女主角啊！生命，就是為精彩而來，我們身為男女主角，必須要相信自己擁有行走世界的底氣，放大膽去做。逆流才是活魚，順水都是枯葉。

女主角有刻意對誰放電嗎？沒有！但所有男人就是愛她！劇情裡面的她從來不知道自己是女主角，也根本沒在理會誰是誰，更不會因為你的身分地位背景而矮化了自己，她就能夠大言不慚的說著公司哪裡不對，最後卻被霸道總裁愛上了。

她刻意的嗎？戲裡那些用盡心機、心眼一堆的，始終得不到總裁的欣賞。看戲的我們都知道哪些是好人哪些是壞人，也知道這位霸道總裁會喜歡上女主角。我們知道原因，也知道怎樣性格的人會討人喜歡或討人厭。然而在我們生活中，我們的所作所為又是如何呢？我們只能羨慕女主角，最後向用盡心機、心眼一堆的那些人靠攏。我們成了那些人，但依然一無所有。人生就是戲，戲如人生，我們從小看戲看到大，卻沒領悟到自己就是生命中的主角。

看戲，一看就懂；但自己的生活大戲，卻怎樣也看不懂。我們只是不想去面對自己，再者，我們所處的環境，也沒有人提醒我們應該要如此去思考。

男主角女主角不願接受命運的安排，不願妥協不公不義的發生，他們只想獲得內心的平衡與自由，他們內心力量強大，沒有什麼好害怕的。

過程受阻，他們依然一本初衷，絕對不被環境打倒！永不放棄，更不可能違背良知，為了成就自己，而去刻意討好眾人來達到目的，所有一切美好的德行，都在男女主角身上嶄露無遺，這也是讓我們欽佩喜歡的地方。而我們自己呢？我們對於男女主角的喜愛，不就是一種情感上的投射嗎？我們也期許自己能夠像他們一樣成為自己想成為的那種人，可我們做不到。我們只能沉默，有些人寧可嫌棄自己也不願讓自己站起來，拿回生命主導權，再次創造高收視率。

逆境更是高潮

在宮鬥劇裡，女主角遭人陷害，硬是被皇上莫須有的逐出宮了，這樣大起大落的際遇確實把劇情張力拉到最大，可這戲結束了嗎？當然沒有。女主角失寵了嗎？只是暫時，我們一點也不替女主角擔心，也覺得有這過程更是過癮，等著瞧吧。

「我將再度回宮。」

是的，我們等的就是這一天！一旦女主角再度回宮，我們知道皇上會更寵愛她。驅出宮後的女主角受盡折磨，收視率反更高了，觀看人口節節升高，逆境更是高潮。我們很清楚，沒有什麼可以難倒女主角。

如果你的人生正處逆境，即將要滅頂了，那又怎樣？我不同意讓這些發生在我的生命中，一切在我手上，將被重新定義。

我們曾以為，人生中的許多艱難，是可以被分擔，被理解，被同情的。但在社會摸爬滾打久了以後，你會發現，人人都有苦衷，除了學會自癒，別人幫不到你分毫。

我認識一個單親媽媽，白天要上班，晚上要帶娃，甚至半夜三更，還要多次起床，給孩子換尿布，泡奶粉，蓋被子等。剛開始時，她特別不適應這樣超負荷的生活，總是逢人就倒苦水，也總是指責前夫的不負責任，甚至一提到自己捉襟見肘的生活，眼淚就止不住的往下掉。後來，她漸漸找到了平衡的方法，累的時候，就盡量少說閒話，少想雜事，以此節省點體力和精力。睏的時候，就利用間隙時間，閉目，養神，緩口氣。心裡感覺苦了，就給自己嘴裡放塊糖，不斷給自己打氣說：「好日子還在後頭呢。」如今的她，心態越來越好，情緒越來越穩定，臉上也總是掛著燦爛的笑容，旁人都以為她肯定遇到了什麼好事，但只有她自己清楚，她不過是學會了消化和吞咽那些不為人知的委屈和心酸。

你以為，最快的捷徑是哭泣，卻不知道熬過去，才會走得更快。

也許，你真的經歷了痛苦，但哪一個不是從痛苦中廝殺出來的？

感覺工作無意義、升職無望、生活備受打擊？那就先把手頭上每件事，都漂漂亮亮的做好吧。感覺人生很苦，自己承受了太多不能說的負擔？先咬緊牙關，走過這一段少有人知道的路吧。

戲中的男女主角，就是咬碎牙齒和血吞，面對解決處理完成，所有的不可能都變成可能。但戲外的我們，覺得有人對我們充滿了惡意，覺得自己最不幸，為什麼要這樣對我？我的人生何時才能雨過天晴？這個世界上，除了死亡，其餘都是擦傷，到底在那無病呻吟什麼！生活再難，也要往前。艱途，更要堅信會越走越通暢。

挺住，就是一切。

成年人的世界包含了太多的不容易，不是只有你／妳，我們都一樣。我們要記住，逆境更是高潮，我將再度回宮，絕不被眼前的磨難給考倒了。越是低潮、阻礙越大、委屈越深，收視率越高，男女主角唯一沒做的就是四處找人訴苦尋求同溫，這不是男女主角會做的事情。你的事業失敗了、婚姻不順利、工作好一陣子沒著落了，我們成了一隻被剃光毛的狗，不敢見任何人、不敢參加同學會、不敢與人有太多連結。請你勇敢自信的踏出去，想一想任何一部你所喜歡的電影或影集，裡面的男女主角遇到問題的時候會怎樣？永遠不要忘記，隨時提醒自己，你才是真正的男女主角。

「聽說老闆要裁員了……趕緊去找新公司面試。」

「算命的說這個男生跟我不會有結果……」

「我快要活不下去了，為什麼連我爸媽都不支持我！」

「怎麼辦怎麼辦，我這下慘了……」

男女主角從來不慌張，態度從容，就算被人誤會了，被人貼上標籤，那又怎樣？沒說就是沒說、沒做就是沒做。不要期望所有人都懂你，你也沒必要花心思去了解他人為什麼這樣想你說你。大千世界，我們會遇到形形色色的人，總會有人對你指手畫腳，說三道四，用他們的標準來看你。不要苛求他們的理解，你只要知道自己在做什麼，問心無愧就好，勇敢地走自己的路，不用在意那些閒言碎語。

遇到別人的誤解和議論，言語的反駁沒有太大的意義，行動才是最有力的證明。

不爭不辯不動聲色，或喜或悲，都藏於心間，內斂處世，寵辱不驚。即使身處鬧市喧囂之中，依然尋求一份心靈的靜謐，心懷一片寧靜的土地。

這是一種個人的修為，也是一種常人難以企及的高度。

比起別人流連於花花世界的浮躁，懂得沈默的人，更注重自己內心世界的平和。

何不靜下心來讀一本好書，或是品一杯香茗，撫一曲柔琴，又或是行走山間，一覽山水風光。留一份沈默給自己，享受片刻的寧靜，拋開煩惱，回歸自己的初心。走向成熟的道路，就是學會沈默和坦然，坦然接受自己看不慣的，和看不慣自己的。我們沒有最佳男女主角的思維，一點挫折立即被打敗投降，像隻敗陣的鬥犬，如果我們無法站起來，誰能幫助我們呢？

有位學生哭喪的臉跟我說她被老闆資遣了，接著一連串的憤怒抱怨委屈。

「所以妳希望我怎麼回應妳？妳想從我這裡得到什麼呢？資遣如果已經是事實，現在花時間敘述這些其實沒有多大意義不是嗎？再者，資遣又怎樣，妳還是有自己的路要走啊，這是妳的人生劇情。在我看來，老闆已經從妳的人生劇本裡消失了，其實是妳老闆畢業了，妳老闆的角色已經結束了，是他沒戲唱了，可是妳的人生還要繼續不是嗎？一直播放回憶錄幹嘛？妳才是人生中的女主角，老闆不是。等到有一天妳變得不一樣了，老闆或許又回過頭來找妳了，希望可以跟妳有一些合作的機會。老闆在妳生命中的戲分多寡與否，取決於妳。」

一般人不是這樣延伸他的生命大戲，他們苦苦哀求，拜託公司不要這樣無情的對他，他需要這份工作，他哪也去不了，他找了所有人去幫忙求情，他跟朋友們訴苦自己受了多大的委屈……基本上這樣的劇情，我們會說這是一部爛戲，不要去看，已經騙了我的錢還要再浪費我的時間。

我在廈門跟一群企業家們對話，當時一個年輕人跑來跟我說，他老闆問能否邀請我去一趟深圳，他們公司規模雖然沒有很大，但希望我能去幫他們做一次培訓。我到了深圳，才知道這間規模不大的小公司，員工竟然有一千多人，我看到創辦人Z，年輕有為，相當年輕，三十歲左右的年紀，一問之下，一九八八年生，真的是江山代有人才出啊，他們二〇一八年的營收是一．五億人民幣。我參與了他們公司的早會，我聽到了其中一段話，一開始以為我聽錯了，但Z確實是這麼說的：

「說穿了，你們就是需要我啊，你們在這工作不就是需要錢嗎？你們大可離職，我這兩年擴編得太快，員工是我成本最高的部分，可我知道縱使我這麼說，多數人還是不會離職的，因為我很清楚你們需要這一份工作。我真心的希望有一天，是我需要你。請讓我看見你，讓我知道我需要你，我會積極主動地靠近你，我不會讓你坐在下面，我會邀請你成為我的股東……」

Z展現了強大的領導魅力，他是這樣在帶領員工的，我在人群中看見員工的神情，他們多數對公司認同，對未來有希望，更願意對組織承諾。我對著坐在我旁邊的小男生說著：你就是最佳男主角，一定要相信，不久的將來，你將和老闆一起參與會議，你一定會讓老闆知道你是誰。

Z在早會上對員工說的那一番話讓我想起了我退伍之後，工作找得相當不順利。十五個人要錄取十三個、八個要七個、三百二十五個要三百個，我永遠都是那沒錄取的二個、一個或二十五個，我真的很灰心，對自己完全失去信心。退伍後大半年的時間，我面試了快二十家公司，所有的銀行、產險、壽險公司我通通去面試了，甚至有在裡面上班的學長姐或同學幫忙介紹，但我就是都沒被錄取。我不知道自己到底能做什麼工作，也不知道要去哪裡找工作。有一天部隊的學長打電話給我，他問：

「找到工作了嗎？」

「還沒耶，還在找。」

「那你什麼時候退伍呢？」

「我已經退伍快半年了。」

「啊？是喔，那你要不要來我們這邊應徵看看，我們這邊很缺人，只要專科生就可以了！」

「確定嗎？會不會又不要我了啊？確定專科畢業就可以了嗎？」

「我就是專科畢業的啊，你看我都錄取了，你還是大學生耶，本身又是金融保險相關科系，不錄取你要錄取誰啊？」

這家銀行要應聘三百個員工耶，我興奮地把履歷寄了過去。學長很開心的跟我說面試名單裡面有看到我的名字耶。

「這一次來面試的總共三百二十五位，要錄取三百位，其中一百多個都是專科生，有些大學畢業的還是什麼農業系、中文系的，你是大學金融保險系畢業的，肯定沒問題了。」

我心裡也是這樣想，當天公布了錄取名單，多數的專科生全錄取了，我很認真的在名單上找了又找，我還是沒有被錄取，再一次的打擊，心灰意冷到了一個極點，我不知道自己問題在哪裡。還有一次接到通知去面試，我當天就跑去面試了，到了現場知道這一家公司要錄取三名員工，可只有我一人來，我開心的要命，但最後，我依然沒有得到那份工作。在那半年，我看到太陽都害怕，我的人生到底怎麼了？為什麼老天爺要這樣捉弄我？我真的很不甘心。誰也沒有想到七年過後，全台灣超過二十家銀行跟保險公司的總經理跟董事長，對我是九十度鞠躬很客氣地請我上臺為他們全體員工演講，我作夢都沒想到會是這樣的結局。當年面試我的部門主管，多數都已離職或職務調動不在當時的崗位上了，而我的人生才正要開始。我才意識到，原來我是男主角，當我再度回宮時，局面已經全然不一樣了，我深深體會到逆境才是更高潮。

不管你經歷任何事情，你要相信你是最佳男女主角，終將被所有人注意到。

自身光不夠就去靠近光

為什麼你至今還不是男主角？有極大的原因是，你從不覺得你是。若想成為心目中的樣子，若你至今光環未現，那麼就去靠近光，想想看你身邊誰的身上是有光芒的？讓他們看見你。**越接近主角，你越能夠被更多人看見，你才有可能會在某一部戲裡擔任更重要的角色**，越接近主角，就越能夠被「正向的關注」。

有一次要上台前，主辦單位希望我可以找一個人上去當主持人，將我介紹上去，他們知道我的習慣是沒有主持人，自己開場自己開始，但他們覺得有個主持人引言是對我最基本的的尊重。台下坐滿了人，我腦袋閃過幾個長時間跟在我身邊的學生，我轉頭看到其中一位就對著他說：「等會你上去當主持人，隨便講什麼都可以，反正把我介紹上去就好了。」

他當場是錯愕的，確實太過突然，可是他就這樣被所有人看見了，獲得了一個很棒的正向關注的機會。接近主角，絕不是去奉承迎合討好，請用你的實力去證明，讓主角看到你，然後說：「來吧！可以來當我的貼身侍衛嗎？願意來當我的丫鬟？」

直到你光環乍現，主角會再次開口：

「願意跟我一起同台演出嗎？」

靠近主角是我們學習最快最多的時候，每個人的一生有這樣的機會一定要好好把握，就像幫郭台銘提包包、幫李嘉誠開車都沒關係，我們打從心裡感恩主角給了我們這樣的機會不是嗎？**靠近主角，我才有可能成為主角**。

主角身邊的人何其多，我們只要秉持著誠實、正直、善良、願意學習、付出給予，懂得感恩，主角一定會看在眼裡，機會自然會給你，當你開始慢慢嶄露頭角，你就會明白什麼叫做看見自己的光環了，才能開始體會什麼叫做最佳男女主角的心理狀態，這感覺真的棒極了。當不上主角是因為目前火侯不到，所以才要靠近主角，這會讓我們自我發展提升得更快，靠近主角，讓我們的能見度大量的提高，也開始產生了正向的關注。

一個主角旁邊的配角，可能只是個忠心耿耿的僕人或丫環，有一天遭受陷害，在戲裡結束了戲份，死了，我們都會為他感到悲痛。但如果只是一個路人走路發生意外，那就不是我們會去關注的人。不重要的人自然是不重要的劇情，所以我們對他的發生不會有太多的期待。如果你身上的光芒不夠，那就請你去靠近有光的人。不能當男一，也可以當男二；不能當女一，也可以當女二啊，我們的人生會開始被更多人期待，原來有這麼多人在關注在意著我們，我們會看到自己的光環慢慢展露出來了。

我們總得從最小角色開始扮演好，雖然是小角色，站在光源旁，總是能被大家看見，只要我們認真付出，用心把握每一次演出的機會，不用多久時間，我們就會從某個位置跳至某個高度了。站在巨人的肩膀上，向高手學習，向成功人士請益，就像磁鐵，多學習、多聽、多虛心受教，我們身上也會有磁性，我們成了他人眼中自帶光芒的男女主角了。

提升我們的思維層次，信念與價值觀會跟著拉到某個高度，帶著這樣的思維重新回到我們的生活圈、工作場地，當再次遇到主管、同事、客戶、家人、朋友，我們已經不一樣了。我們是男女主角，何須恐懼害怕？生活不該如此艱難，是思維困住了我們，讓我們舉步維艱。

知道，並不會讓你這輩子好過；去做，才可以真正帶領你向上提升。如果我們在生活中遇到某些困難，請不要害怕，不要第一時間又用習氣處理，尋找同溫層、尋找認同、尋找情緒的出口，這都是在為我們辯解，與其花時間扮演受害者，為何不學習如何讓自己提高思維層次呢？

男女主角會怎麼解決？想一想看戲的你多麼的入戲，你是怎麼相信男女主角是如何堅定地讓所有問題都迎刃而解的，你也能夠如此，記住那樣理所當然的狀態，讓周圍的人為你喝采，替你感到驕傲。

傷害我們的人
該如何原諒

定義才會帶來意義

原諒意味著認同了傷害，但為什麼會有傷害呢？這要先從定義討論。你是如何定義傷害？要從傷害中解脫，我們要看懂腦袋中是怎麼思考定義的，提高思維維度相較之下更顯重要了。傷害，取決於你的價值觀。

我們腦袋中的「應該」、「必須」越多，我們就會越加痛苦，將「應該」、「必須」的定義放寬拉大，才能自在的面對問題。你被傷害了，是因為被自己價值觀所困住，所以感到痛苦，你認定了這件事情對你而言是個傷害，並且受到委屈了。

定義才會帶來意義，你有看到自己是如何定義傷害的嗎？

男女主角會定義這個事情是傷害嗎？或許真的受了委屈，但絕不會認為這是一個傷害，畢竟劇情要繼續演下去，就好像我們的人生要繼續走下去，不能一直困在傷痛中。一個有光環的人，他不覺得這是個傷害，只有你定義了這是傷害，才會一直往傷害這個方向走下去。

「對阿，那個誰很過分，那個誰怎麼可以這樣。」

原諒永遠不會結束，因為源頭沒有調整，我們會繼續製造傷痛，然後繼續學習如何原諒。沒有傷害，就沒有原諒。

我在二〇一四年推出了千益諮詢。我承諾要和一千個人單獨一對一的進行一個小時的免費諮詢，當時預約人數完全超乎我的預期，填滿了我每天的生活，我幾乎沒辦法工作了。我每天接待三到八個人，持續了兩年多才把這一千人的名額完全消化完畢，其中多數都是高階主管、創業家、企業家。這一千個人來了之後才發現，跟他們預期的不一樣，他們是來要答案的，而非透過諮詢來了解自己。他們認為不需要，或者等這些關卡都處理完畢，有時間的話，再來了解一下。給我答案，其餘免談。多可怕的習氣。所以他們感到痛苦，不知所措。他們在關係上的處理緊繃而用力，在面臨許多重要的抉擇時，才發現幸福全都卡在關係裡，他們對自己的未來感到焦慮而迷惘。我看著多數人憔悴的神情，在透過對話後，精神狀態和緩了許多，但我心裡清楚，我是沒辦法真正幫助到這些人的，我只是暫時解決了他們眼下的事情，他們在輕鬆雀躍了一陣子之後，會再繼續製造問題，他們不會意識到自己就是製造問題的始作俑者，自己就是源頭。

從他們離開的神情，我確信對話對他們有幫助，但這一個小時對話比起我們活在這世上八十年的時間，到底能給到多少幫助呢？別說這一千人，我過去與七萬多人對話，真正願意花時間來學習，將了解自己視為當務之急、重中之重，以及願意提升自己腦袋思維的人，真的是少之又少。

千益諮詢裡，有個知名企業的老闆S來找我，他跟我說他公司裡面幾位重要的幹部出了一些問題，無法溝通，造成公司資源內耗，我花了一些時間讓他看懂公司高層會有那些心理活動，與他自己的性格絕對脫離不了關係。如果換一個老闆，你相不相信他們的思維模式與行為又有所不同了？所以，重點在你，不在他們。就像孩子的狀況不斷，問題往往在父母身上，而不能一直往孩子身上處理，這道理是一樣的。

S說他打算狠下心來請這四位一起打拼的人離開，最多就是花錢了事，認賠。他告訴我這四位夥伴是怎麼從過去的一無所有到現在的自大傲慢。從S的語氣，我可以預言，S已經要跟他們切割了。一個小時的對話結束後，S告訴我，原來自大傲慢的是他自己，不是這四位陪著他吃苦十多年的好夥伴，而他竟然只想用錢來處理這一段關係，他感到無比慚愧及汗顏。

S又找了其他三位夥伴來與我對話，一家公司原本四分五裂的，終於還是前嫌盡棄，我看到當年他們意氣風發、齊心共好的感覺了。很多時候我們都是被看不見的感受綁架，不只是家庭，企業最後也因為卡在關係，而無法向前運行。

S告訴我他們公司目前的狀況好很多，沒有這麼多臆測的流言蜚語，最後跟我分享他們公司談了好一陣子的大訂單終於簽下來了，金額高達三億多，如果大家持續對峙，根本不可能會有這麼漂亮的成績的。

我當時正在創業，自己也不好過，我心裡想到了S，如果當初覺得我跟他們的對話是有收穫幫助的，那確實也是真實的體驗，所以我就打了個電話給S，我想了解對企業而言，關於培訓員工的情緒管理是否認為是有需要且認同的。公司裡面幾位夥伴看到我的出現是相當開心的，也告訴S說我到公司了，S認知我來的原因是為了要來跟他洽談自己公司的培訓，但其實我只是想來了解市場狀況並看看大家是否一切都好。S開口對著我說：

「老師，我們公司真的不需要培訓的，員工哪有什麼情緒需要處理的，都這麼大人了，一切還是得靠自己。我們也沒有這預算啊……」

「哈哈哈，我不是要來跟你談生意的啦！如果你覺得對一個人的心理狀態有幫助的話，我真的很願意花時間跟你的員工們有多一些的互動，讓他們對自己對公司對工作上的表現能有更積極的效果。我覺得這樣很棒耶！」

「其實真的不需要啦。我也很常激勵他們的。」

S的老婆也在辦公室裡面，她請我先離開，因為他們等等還有訪客。

一年多之後，有一天我助理傳訊息給我，問我幾點回公司，說有一位貴氣的太太在辦公室等我，不論多晚她都願意等，一定要跟我見上一面，原來是S的太太。我請她先回去，我在外面聚會才剛要開始，我真的沒辦法抽身離開，S的太太堅持要等到我，她在我辦公室裡一等就是五個小時，我請我助理先下班，不用招呼S太太，沒關係的。

「你可以救救我嗎？我老公有外遇了，不知道怎麼了。我老公竟然跟一個來公司實習的大學女生在一起，這女生才二十歲耶。」

S的太太就這樣三天兩頭的傳訊息給我，持續了好幾個月的時間，我盡可能在第一時間回應她，四個多月後她就沒再傳訊息了，我們的互動也減少了許多，我知道她應該是慢慢走出傷痛，不管是因為和老公和好了、還是她自己釋懷了，我沒去追問她，我相信她終會度過難關。在她消失後的這幾個月，我舉辦了一場關於婚姻、家庭、關係的演講，我想到了她，傳了訊息給她：

「這講座對妳應該會有一些幫助，有時間可以來聽聽喔。」

她回了我：

「暫時不需要，以後有任何聯繫請直接找我老公，避免造成不必要的困擾。祝演講順利。」

這就是眾生。有問題的時候，永遠有時間、永遠願意等待、現在就要，一旦問題解決了，變成了我們似乎打擾到對方的生活了。

我們很認真的把對方的事情放在心上，讓對方一味的從我們身上無償索取，這樣關係太失衡了。你們每一個人都比我有錢，吃好穿好，生活無虞，我很認真協助你們處理最痛苦的那部分，當問題解決後，多數人都是拍拍屁股走人，可我生活上的匱乏怎麼辦？如果內心力量不夠強大的話，我早已精神分裂崩潰了。

我去過太多的豪宅、看過太多的豪門，這些有錢人的財富是你無法想像的。但我堅信自己的心靈財富遠遠大過這些富豪的物質財富。每一次與這些人對話，就會更加堅定我可以為這個世界做出貢獻，這讓我覺得自己過得非常有意義。

我定義了自己被他人利用、被占便宜了，後來我才明白何其幸運，有這麼一群人帶領著我去看到自己才是最有問題的。是我自己太想證明些什麼、是我害怕被他人討厭、是我以為只有物質上的成功才是一個有價值的人。是我自己的問題，我開始更深入探索並與自己對話，在重新定義、反思的過程中，我明白了自己的源頭若沒去處理，未來只會繼續創造這些一次又一次讓自己感到憤怒難平的局面。我開始學習要如何才能不再為了證明自己、不再害怕標籤，我發現我可以真心的送出祝福，也開始自在的不介入他人的生活，不再感覺胸口煩悶，反倒是更多的平靜與感恩。

「如何解決心靈災難」將是未來一個值得期待的行業，我看到自己還有身邊團隊慢慢成形，在世界各地受到越來越多的關注與重視，老天爺真的是很疼惜我們這些傻孩子們，傻傻地做，我們看到越來越多的人笑容再現就感到無比歡喜，過程孤單辛苦，心裡卻是乾淨充滿力量的。

悲傷苦難已經多到足以令人敵意全消

一個曾經用某種方式對我們施加傷害的人，有沒有可能他自己也遭遇過那樣的過程？這答案是很明確的，只是他用了不同的方法，但感受卻是雷同的。

之前有提到過一個男生，他被他的爸爸脫著褲子打，最後他用了更加嚴厲的方式對待他的兒子，他不會意識到自己是他父親的翻版，而這是他最不喜歡的樣子。

「我猜想你爺爺應該也是這樣對待你父親的，但你父親無人可訴，他甚至不知道怎麼去看懂自己的心理狀態；而你兒子在長大之後，有沒有可能也成了跟你父親還有他父親——也就是你——一模一樣的教養模式對待他的小孩？」

我不是基督徒，但我在讀耶穌基督的故事時，也是淚流滿面。神愛世人，那是耶穌心中的愛，他揹起十字架走到最後的刑場，不論大家怎麼打他、謾罵、淩虐他，不給他水喝，他依然告誡所有人，喃喃自語的說著，赦免他們吧，這些人根本不知道自己在幹什麼。

心中要有多大的愛才能送出那樣的祝福與感恩啊。每每我遇到了讓我氣憤難消的人事物，這些人怎麼了？怎麼會有這麼壞、這麼過分的人？我耳邊就會出現這句話來提醒自己：

「這些人他們真的不知道自己在幹什麼。」

這些年來跟這麼多人對話的經驗中學到，不會永遠只有一個單方面的受害者，一個巴掌打不響，這讓我更能客觀中立的去聆聽與啟發當事人，尤其很多時候，要小心翼翼、不著痕跡的帶領受害者去揭開真相，讓受害者自己去發現自己竟也是加害者的那一刻。

面對那些讓我們討厭的人，我們可能也曾經暗自詛咒過他，以後生的小孩沒屁眼、通通都去死，我們把對方祖宗十八代的人都罵進來了，我們用盡了所有的力氣去怨恨這些壞蛋、為什麼他們可以對我這個樣子、這一段孽緣到底何時可以切割結束，我不想再看到這個人。

我們真的不必把精神放在他人身上，想想自己現在是幸福的，身旁有這麼多人支持你、你可以去買喜歡的東西，你吃得下、睡得著，拉得出來，身體健康；反觀對方，縱使千錯萬錯，老天爺自有安排，他不正在受苦受難嗎？

你放下了，才不會像對方一樣，還在生命的洪流中浮沉，迷失了自己。有時想想，那些我們憎恨的人，他們依然繼續過著相同的生活，繼續與人結怨、繼續爭名奪利、繼續用盡心機、繼續害怕失去，他不像我們這麼幸運，現在這年紀就聽到某些真理、看懂某些道理，他們只能繼續過著痛苦的日子，可怕的是他們沒有感覺，為了生存反到變本加厲，光想到這些，我都覺得：「我的天啊！他的生命好辛苦哦。」

我們何其幸運，重新找到自己；我們何其幸運，還有機會去瞭解自己、修正自己，而不是停在過去的狀態繼續反覆輪迴，光想到這些被定義對我們造成傷害的他們，還要面對這多的悲傷苦難，就足以讓我們對他們的敵意完全消失了。若你現在正為了某個男人、某個女人、某件事情耿耿於懷，其實是因為我們還沒有升維。**升維，才能降維去處理這樣的孤寂感。**

悲傷、難受、辛苦，需要透過更高維度的思想層面去調整，才能真正發生變化。我們總是讓自己停在最低等的環境感知，「那個人好煩」、「為什麼要有這個規定」、「我好生氣」……我們總是一直在循環這樣的反覆，最後上癮。我們沒能做出任何的行動，更沒有選擇的能力，唯有從最高層次的價值觀去調整才能改變。「我男朋友怎麼對我這樣？」、「我女朋友怎麼對我這個樣子。」沒有關係的，都不要覺得誰對你怎麼樣。因為其實，我們對別人也不夠仁慈，誰不是轉頭一聲不響地離開的，我們說好的也都做不到啊。

苦的本質具有覺醒的能量

出生就是苦。本來在子宮裡面舒舒服服的，時間一到就得離開溫室出來面對，所以我們出來的第一時間是嚎啕大哭而不是大笑。我們先知道了哭，才慢慢懂得怎麼笑。

苦是一種覺醒的能量，讓我們領悟到自己還活著。在子宮裡的時候，不知道什麼叫做活著的感覺，只覺得舒服，直到離開了子宮，才知道原來活著的感覺這麼幸福，才知道要去珍惜。如果沒有離開這樣的環境，我們不會覺醒。

我們開始賺錢了，開始懂得享受生活，開始擁有越來越多物質層面的需求，「怎麼可以這麼幸福？」活著的感覺真好！確實，活著的時候是要享受美好、體驗到當下的幸福。可是我們總是不懂得珍惜，一心只想追求更好，也就是界線外的超越，我們否定了當下所擁有的，不知道去珍惜，直到真正失去了，才知道這有多痛苦。只有苦才能為我們帶來覺醒，讓我們看到自己的不成熟，才會知道過去的自己有多幸福，要學習珍惜與把握。

苦的本質有什麼？貪求、厭惡與無知，但這都是要讓我們更加看懂我們自己。貪求厭惡與無知就是我們內心的貪嗔癡。這讓我們感到痛苦，但痛苦的背後是要我們覺醒，去看到自己還有很大的進步空間。沒有痛苦，我們看不見自己。所以要感恩這個痛苦，要感恩眼前這個讓你痛苦的人事物，才能看到自己並沒有像嘴上說的那樣偉大，我們並沒有張開雙臂去擁抱這一切。

痛苦的來臨意味著「我們即將覺醒」，但我們沒有覺察到生命即將變的美好，一次又一次的痛苦，是要讓我們學習從崩潰到大笑。如果你不去覺察自己正在經歷痛苦，你只想迴避痛苦，不去與痛苦融合，你就不能穿越痛苦，覺醒之日遙遙無期。

去擁抱痛苦，去感恩痛苦，才會看到原來痛苦的另一面是美好、是幸福。但我們痛斥痛苦、我們遠離痛苦，我們看到的永遠是痛苦。有些人連自己的表情、聲音、情緒已經起了變化都覺察不了，卻說著要創造人生的高峰，開心的說著「都要幸福喔～」這都是假象，我們就是不想面對痛苦。我們表情僵硬，我們憤世忌俗，我們覺察不到自己對痛苦有多麼地深惡痛絕，我們沒有打算去與痛苦和解，所以我們始終無法從痛苦中醒來，我們只會更加痛苦。

我有一次在馬來西亞檳城和一位小男生聊天，我們聊了兩個多小時，這兩個多小時他很難受，他又是站又是坐，來回踱步走來走去的。我知道他在難受，因為他開始正視自己的問題，這些問題都是讓他痛苦的，他發現自己的自私、發現自己對母親的不諒解、發現自己不夠成熟的在處理家裡的關係。此刻的他內心是波濤洶湧極度翻滾的，他很痛苦，但這些痛苦不是現在才知道的，他一直以來都知道，只是不想去面對，以為不去面對就不會痛苦。幾年下來，這些痛苦並沒有解除，反而變本加厲，你以為你逃離了痛苦你就會快樂，但並沒有，痛苦只會與日俱增，除非你去面對它，你才會看到痛苦的確具備覺醒的能量。

他選擇了面對，那一刻，放下了心智的控制，真誠的面對自己，站起來跟我說：

「老師，我現在很想趕快回家。」

「為什麼？」

「我很想回去抱我媽媽。」他覺得他對他媽媽實在太不好了，開始邊講邊哭：

「我真的好想趕快回家，我從來沒有像此刻這樣的感動，我想到我這幾年對我媽的不理不睬，我肯定傷透我媽的心。」

覺醒，他醒過來了，感到滿滿的愛。

覺醒的狀態不會有傷害。沒有原諒，只有認同與感恩，就像這小男生當下的覺醒，他只想趕緊回家抱住媽媽，對著媽媽說「媽，我愛你！」你只想做這樣的事情。

原來不只是對媽媽、對爸爸，我可以對任何人做這樣的事情，但是我們沒有這麼做，因為我們還在持續與痛苦拉鋸，我們想要與痛苦切割，我們不知道痛苦具備了覺醒的能量，痛苦是要讓我們看到現在有多棒，現在有多好，讓我們學會去感恩一切，一個懂得感恩的人，可以想像他經歷了什麼樣的痛苦，它與痛苦共存，去包容它，這需要多大的修為與智慧？

此刻的你感到痛苦，是因為你不想去面對痛苦，也就是不想去面對自己，沒有覺察到自己的抗拒與憤怒。我們常常看到一個人總是苦瓜臉，他明明很苦，他不想這麼苦，所以他逃離苦，但是苦的源頭在他的內心，逃到天涯海角苦都在那裡，直到我們轉過身來面對自己，去承認自己內心的貪嗔癡，自己才是最大的問題，面對了這樣的自己，我們才能與痛苦和解，那股拉扯才會消失。痛苦還在，是要提醒我們繼續覺察自己，這就是覺醒的能量。

「我什麼時候才可以成功？」

「我媽到底什麼時候才會停止對我的控制？」

「我的老闆什麼時候才可以不要這麼剛愎自用？」

「我老公什麼時候才願意聽我說說話？」

「老天爺什麼時候才會眷顧我？」

你不去處理源頭，不去理解到痛苦的真諦是帶來覺醒的能量，你永遠不會感到幸福。我們皮笑肉不笑，眼神裡看不到慈悲、學不會感恩，永遠還在掙扎。為了讓你覺醒，只有加大痛苦的力量才能擺脫心智帶來的阻撓。臣服於自己的內心，我們將由哭轉笑，重獲新生。

沮喪難受就給予

當你沮喪難受的時候，不要覺得你多慘。去跟別人對話你會發現原來你竟然具備強大的力量，這股力量源源不絕，手心向下，我們絕對給得起。有很多人跑來跟我說：

「我為什麼這麼可憐……」

「我已經沒有錢可以繳房租了！」

「為什麼大家都要這樣欺騙我，我已經一無所有了。」

「我老公外面有女人，我此刻什麼都不能做。」

給予，跟錢一點關係都沒有；當你沒錢、當你覺得自己一無所有的時候，你還可以給，你更應該給。可是我們從來都不給。你可以給出比錢更有價值的東西，微笑、真誠、關愛、良善、支持、讚美、祝福。所有的一切從你給予之後就會開始發生連鎖反應。而這就是真相！

財施、法施、無謂施，無畏施不求回報的給予，不求回報的施捨，這是最棒的功德。當你沮喪難受的時候，你覺得被傷害了，此刻的你過不了這個關卡，怎麼辦？當你被A傷害了，請你去對B給予，明明是我們在療癒B，但在對話的過程中，讓我們找到了答案，療癒了自己，這是很神奇的。

A傷害了我，把我一百塊騙走了，我恨死他了，我受到很大的傷害，但這不影響我跟B的對話。B難過的說著他跟女朋友吵架，我不知道能為B做些什麼，但絕不是跟著B一起咒罵他女朋友，只是單純的陪伴，聽他說話並給予回應。我們只想給予幫助，希望可以協助B走出情緒思維的誤區，但不知為何，對於A欺騙我的事情竟然不在意了，那個傷害的能量消失了。我們沒有給予，總是自私自利，心中只在意A對自己造成的傷害，對於其他人卻始終無動於衷。

心靈啟發並不一定需要特定的頭銜或場所，只要你願意，人人都可以隨時隨地給予幫助。心理治療只是心靈啟發的其中一個環節，在對談的過程中，要注意求助者的心理狀態，整個對話治療的過程必須流暢，才能達到心靈啟發。心理推理是少不了的，就像精明的偵探，一路隨著案情抽絲剝繭，直到水落石出，並讓當事人突破心防，心靈得以啟發，才能真正覺醒。

很多人常常會驚呼「你怎麼會知道的?」、「真的耶!」、「你通靈嗎?」。其實推理的成分是必要的，為什麼我在對話的過程中，包含我的學生們都能夠越來越抓住對話的訣竅，並開始受到大家的關注與喜愛，因為它結合了心理治療的專業知識與推理文學的巧妙筆調融合而成，再加上每個人專屬的人生使用手冊，稍微推敲一下就可以找到合理又趨近於事實的故事架構。我投入了大量的時間在與人對話並持續分享，而這是我目前看到可以讓自己成長最快、獲得最多的方法。當與對方開始接觸的那一剎那，一場曲折離奇的推理劇情便逐一展開了。在對話的過程中，我們宛如一個契而不捨的偵探，必須具有厚實的心理理論基礎，更必須具備豐富的臨床經驗，才能在一次次的晤談中，進入對方的心靈境界，使那些隱匿在內心暗處的思維跳躍出來。我很喜歡看到人們在對話當中成長茁壯變得堅強而有力量，因為這促使我也跟著成長，我做這工作不單單是為了你們，更為了我自己。

只要你願意，人人都可以成為一個給予者，不再冷漠、隨波逐流。我想讓自己活得更有意義、更有生命感。用一種慈悲的心帶著你行動，就像一雙無形的手，會改變我們眼前的所有問題。先從自己開始想像，自己已經放下這些事情，你可以用慈悲去看待身邊的這些人，然後把這樣的慈悲心，擴散到你身邊的朋友、愛人，然後再擴散出去，用慈悲心想想看，這些曾經傷害我的人，我們該怎麼去與他和平共處?這是很棒的幸福修練。

我們可以做到這些修練，它是一雙無形的雙手，它可以帶領我們讓眼前的一切改變，我們必須要做到，必須要實際去做。

那些傷害我們的人現在怎樣了

這十多年與七萬多人一對一的對話，眾生教會了我看懂明白很多事情，我看著許多人在我面前崩潰落淚，常常我也淚流滿面，我又何嘗捨得。我看過聽過各種各樣的故事：戀愛失戀、結婚離婚、相聚分離、財來財去。前兩天我收到一個男子傳了訊息給我：

「嗨，老師，是我，我回來了……很久沒來跟您請安了，安好？」

是阿龍，應該有四五年沒有他的消息了，我真心感謝他，用他的生命故事帶領著我穿越我自己內心不為人知的黑暗面。猶記得和他第一次碰面的場景，他的眼神語氣震撼著我，現在想起依然心神未定。從他的字裡行間，我想這些年他走過來了，我也更不一樣了。

那是在《東方心理學》課程結束後的某個晚上，按照慣例，我邀請現場的學員做案例示範，我如常詢問場中學員，有沒有工作或生活上的難題想要解決。在眾多舉手的學員中，一位三十多歲，滿臉滄桑的學員表現得最為急切，他一整天上課過程，眼神無法對焦集中，於是我讓他做個案示範，請他把他自己的人生使用手冊寫在白板上。但是，他一開口，我手心就開始冒汗、我的心跳正在急速的跳著。

在他念中學時，有一天放學回家，看到一群流氓將他父親綁著，上吊在家族的祠堂裡，他躲在門口的柱子旁，完全不敢吭聲，直到看見父親垂死掙扎的身軀沒有了反應……父親就這樣在他眼前被吊死了。

「我很想去幫助父親，但是我什麼也做不了，只能看著……」

他的聲音低沉，眼神冷冽，泛著淚光。

「我恨他！我知道他們是誰。明明是我父親借錢給他們，沒想到討不回錢卻落得被他們上吊而死，那時候我很小，沒有辦法報仇，我無法面對我的仇人，只好離開村子，外出打拼，等我長大後一定回去報仇。我長大後，終於有了報仇的能力時，再回到那個罪惡的地方，但仇人……已經死了。他教唆一群人殺了我父親，怎、麼、能、自、己、死、掉？」

他的聲音依然不高，但一字一頓，說得咬牙切齒。

「父親吊死在祠堂橫樑上的景象一天比一天清晰，這些年我都在密謀一件事：父債子還，我一直在想辦法如何殺掉那個仇人的兒子。」

聽完他的講述，全場一片靜默，我握著汗漬漬的手，心裡的鬥爭非常激烈。我當然想幫他，一個人背負這樣深的仇恨，日子太艱難了。但當時的我沒能力處理創傷這麼深的個案，何況是課堂示範，如果做得不好，學員會怎麼看我？看著他那張因痛苦而扭曲的臉，我掙扎著放下自己的猶豫和擔憂——在一個被仇恨困擾二十年的人面前，我的面子值幾何？我用所能夠理解的方式，在臺上幫他分析他的狀態，其實我真的不知道我到底對他說了什麼，但我聽到他呼出長長的一口氣時，我知道，他某種程度上放下了一些負擔。隔天一早，我收到了他的訊息：

「謝謝老師！二十多年我都沒有睡過一個好覺，但昨天我心裡舒坦多了。」

事隔五年，這一次，我們不是在課堂中相見，而是約出來喝咖啡，他整個人的狀態感覺輕鬆了許多，他還原了五年前，我當時在台上是怎麼回覆他的。當時，站在台上的我是這麼說的，

心理諮詢界有一個很經典的案例。一位女士找心理諮詢師做一個創傷療癒的個案。她年輕時曾遭遇過性侵，一直對這件事無法釋懷。因為這件事，她不敢交男朋友，不敢進入婚姻。她希望心理諮詢師可以幫助自己走出痛苦。諮詢師問她：

「那個壞蛋只強姦你一次，妳為什麼要強姦自己十幾年呢？」

是啊，那些人傷害了我們一次，我們為什麼讓這個創傷持續反復地傷害自己幾年、十幾年、幾十年，乃至一輩子呢？那些傷害過我們的人，我們對他充滿憤怒，要是我也會是這樣的反應，

因為那些傷害我們的人確實可恨，我們內心有著強大的咒怨，我們時時盯著這些人，他們一定要不得善終才能洩我心頭之恨，恨不得這些人去死。可是，因為仇恨，我們食不知味，睡不安寢。為什麼要讓自己過這樣痛苦的日子呢？

如何面對那些曾經傷害過我們的人，讓自己重新過上平靜的日子？

也許有人會告訴你，原諒他們吧，可是當事情落到你頭上時，你會發現，真的很難，你來經歷看看就知道。為什麼原諒一個人那麼困難？原諒的定義是：**對「他人」的疏忽、過失或錯誤表示諒解，不加責備或懲罰**。從這個定義可知，原諒的焦點是在他人的過錯上。

當一個人把焦點放在他人的過錯時，其實就很難原諒了。這就是為什麼我們很想原諒對方，卻又原諒不了的原因。因為我們只會去看到對方的過錯。可見，原諒其實是有條件的。在關係中，我們經常會聽到這樣的說法：

「如果你做了什麼改變，我就原諒你。」

那麼問題來了：別人的生命、別人的人生我們能改變嗎？我們能掌控別人嗎？我們總是**指望透過別人的改變來決定自己下一步會做出怎樣的選擇，這無疑是把自己人生的搖控器交給了他**

人。可是，為什麼有些人能夠很大度地面對那些傷害過自己的人呢？

曼德拉，他失去自由二十七年，可當權後卻放過了那些把他抓進監獄的人。

甘地，當殷紅的鮮血染紅了他潔白的纏身土布時，他捂著傷口，說的卻是：

「請放過這些可憐的人吧。」

他們是怎麼做到的呢？

也許他們並不是去原諒，而是去**寬恕**。

「恕」字是「心」上一個「如」。心寬了，心就自如、自在了。所以，「寬恕」是關於自己的，是自己修煉的成果。**原諒的焦點在別人，寬恕的焦點在自己。我們雖然無法改變別人，但可以掌握自己**。

這就像我們走在路上遇到一條瘋狗，如果我們被瘋狗咬了一口，難道我們指望瘋狗改變嗎？瘋狗就是瘋狗，不管你怎麼恨牠，殺了牠？被牠咬過的傷口依然鮮血淋淋，於事無補。最重要的是清理傷口，打狂犬疫苗，療癒那個被咬傷的傷口，不要讓那個傷口持續對身體造成傷害，這才是我們該做的。因為受傷的是我們自己而不是瘋狗，**我們與其責怪那隻瘋狗，更應該做的是療癒自己的傷口**。寬恕是有希望的，因為寬恕是關於自己的療癒，與別人無關。這就是我當天在做案例示範時我對阿龍說的，我告訴他，原不原諒對方又怎樣，但寬恕是讓自己好過，你可以選擇。

這一次我們在咖啡館裡有了更充裕的時間，我邀請阿龍同意我陪同他回到過去，我想陪他一起去好好看懂這一切，我讓他知道在我面前，他可以把壓抑多年的情緒釋放出來。情緒的釋放很重要，**只有當一個人的情緒得到完全釋放之後，才能去動搖他的執念**。

接著，我使用了認知療法、意義療法及角色扮演三種方式交叉分析。一個人所處的位置通常決定了他的角度和觀點。當我們從不同的位置去看待同一件事情的時候，他的角度就會被拓寬，我想用第三者的角度去重新定義發生，若阿龍能夠接受我的說法，那麼他的痛苦就會減少，這也是對話的意義。我讓阿龍從不同的角度去看待他父親的悲劇。這個過程中，我結合了催眠、暗示與重新設定的技巧。我讓他想像，讓他進入他父親的位置，進入到父親的角色。我問他：

「看到自己的孩子，為自己當年的不幸而悲傷了二十年、仇恨了二十年，你的感受是什麼？」

父親當然不願意看到自己的孩子因為當年的仇恨而悲傷二十年，被憤怒、仇恨駕馭二十年。所以，當他進入父親的角色時，頓時泣不成聲，他其實是在為自己感到不捨與難過。當他從父親的位置出來時，他的執念已經開始鬆動，因為他的視角變得寬廣。接著，我帶他進入仇人孩子的位置。當他進入仇人兒子的角度時，他明白了，仇人的兒子是很無辜的——他父親當年做的錯事，為什要這兒子來承擔這樣的惡果呢？

然後，我再讓他進入社會的角度，讓他看看那個荒唐的年代。他明白了，在那樣的歷史時代，他父親的遭遇不是個案；那個殺害他父親的人既是加害者，其實也是被害者。在這漩渦中，除非當中有人得以停止，否則所有人只會深陷其中。你的父親及仇人都不在這世上了，而仇人的兒子或許根本不知道你的存在，也不知道他的父親對你父親做了什麼，所以這二十年，至始至終，痛苦的只有你一人，你從沒停止過，最後連你的妻子、孩子跟著你一起被拉進這漩渦中。

那一刻，他整個人得到解脫，長長地呼了一口氣。他告訴我，我說的話似乎有些道理，但現階段他還沒有辦法做到，請我給他一些時間，看看他是否有些轉變。這一別，我不知道何時能再遇見他。

這是一個關於寬恕的故事。

當一個人能夠從不同的角度看問題，從更高的地方看到周圍人的不同處境、不同思想，他才是一個成熟有智慧的人，才是擁有寬恕能力的人。寬恕是關於自己的，是自我的療癒，是為了讓自己活得更好，無關他者。當然，在寬恕的同時，我們要提升自己防範風險的能力，要提升自己預防再次被傷害的能力。**我們很難改變或者控制別人，我們唯一能夠做的就是照顧好自己。當自己變好了，變強了，自然再難被外在世界傷害。**當你因為曾經的傷害、過去的仇恨而夜不能寐的時候，不妨讓自己站得更高一些，去看事件中每一個人的處境，試試從不同人的角度去看問題，探尋不同的真實。

可能還是有人依然會質疑：「我為什麼要寬恕那些傷害自己的人呢？我就是不寬恕他，我就是恨他。」你當然可以憎恨他，因為那是你的人生，你的人生都是自己選擇來的。我只是希望你能看到，你在憎恨他的同時，傷害的其實是自己，對方可以沒有你，你卻不能沒有對方。

別人傷害你一次，你為什麼要傷害自己很多年？如果你能看到這個真相，你也許會取笑自己：「我怎麼會這麼蠢？」然後，會心一笑，於清風明月中了悟一切。

是的，我們不一定要原諒，但我們可以寬恕；寬恕並不容易，但值得讓我們去嘗試與練習，因為這是我們每個人必須面對的人生功課。

內心強大，才能道歉；但必須更強大，才能寬恕。

關係秘訣，對話的核心

舒服而非緊密用力

說話做事也好，工作娛樂也罷，如果不能做到進退有度，取捨有度，就很可能陷入物極必反的窘境中。

人生有度，過則為災，太用力的人生，是一場災難。太用力的關係，是辛苦的。面對這些關係，最好的做法就是順其自然，不再用力爭取，苦苦糾纏。成為別人的太陽，不要成為北風。在關係裡面，它必須是令人舒服的，舒服舒服再舒服。在跟別人對話過程，你某種眼神某種表達的字眼，那個稍微一點的用力，聽的人都會很有感覺。每個人都希望跟別人舒服相處，也希望受人歡迎，贏得尊重。可是我們在與人相處的過程中，不是太用力就是太冷淡，而唯有保持平衡才能做到相處舒服。

夫妻之間，相愛的人給予對方最好的禮物就是自由。兩個自由的人，彼此之間的愛是有彈性的。它牢固但不死板，纏綿但不糾結。沒有縫隙的愛太可怕了，愛一旦失去了呼吸的空間，遲早會窒息。

兒女之間，尊重孩子的選擇，父母不能真正決定孩子的未來。少些捆綁和強迫，很多父母都在全面性的控制子女，多些理解和尊重孩子本身就是獨立的個體。無論是父愛還是母愛，都應該是一場華麗的轉身、得體的退出。

朋友之間，要懂得把握分寸，掌握界限。做那個默默支持、鼓勵、祝福朋友的人。而非專掀朋友底牌、讓朋友為難、見不得朋友比自己更優秀的人。一個愛抱怨愛批判的人，注定將在關係中帶給他人緊繃與壓力，周圍的人對他客氣尊重、以和為貴不予理會，他卻視為理所當然。

好的相處方式會讓人如沐春風，整個人在那段關係裡是放鬆的、自然的、隨意的，沒有勉強、沒有負擔、沒有壓抑，這樣的方式才能使彼此感到舒服。

情緒就是我們內在的語言

瞭解情緒，才能駕馭自己的人生。你知道嗎，在關係處理上，最大的殺手，不是誰不理我了、跑去跟別人好了，真正的殺手是陰晴不定的情緒。我們無法控制自己，我們不去處理情緒的源頭，情緒當然日漸坐大，無比囂張，這才是主因。即使再深厚的感情，也會在起伏跌宕的情緒中，發生坍塌和改變。當你把全部精力用於討伐、追問對方，認為你的伴侶、家人、朋友有問題時——先問問自己：

「我是否在關係中隨意發洩了情緒？」我們都好用力的在處理各種關係，從沒停過。

一個人隨意發洩情緒，等同於隨地大小便，惡臭難聞，實在令人難以忍受。「我不同意你這樣做」、「你給我聽清楚了」、「你為什麼沒經過我允許」、「為什麼我不知道這件事」、「你現在立刻給我一個答案」、「這理由我不能接受」、「你說過下禮拜來找我的……」

我們像一個受害者似的咆哮、控制，自以為站在絕對真理的一方，卻沒看到對方正用一種無言以對的方式，默默地淡出，你還繼續正義凜然據理力爭、用力的要對方履行承諾。事情當然要解決，關係當然要改善；最後，事情更糟糕了，關係也沒了，但這完全不是我們要的局面，我們在這過程中到底扮演了什麼角色？我們處理了別人，然後呢？再處理下一個人，永遠處理不完的，製造問題的是躲在我們身軀裡面的情緒，它才是元凶，卻逍遙法外。花時間處理千萬人，不如只處理一人。

如果你不對自己的情緒負責，那麼沒有人有責任和義務需要對你的情緒負責。

通常來找我的人都已經「關係定調」，很難透過一個二十分鐘或一小時的對話，就可以回去處理好與家人或其他所有人的關係。冰凍三尺非一日之寒，我常常聽到有人上了幾天的課程就改善了一二十年的關係，至少在我的理解上，能夠如此快速的破冰，要達到這樣的效果，勢必是透過外在強行的干預介入，這樣用力的方式，對雙方在關係上肯定會再出現另一種更加令人擔憂的心理狀態。

十五年沒有和父母親說話溝通、甚至憎恨的親子關係，上完一次課程之後突然回去懺悔下跪，回去跟爸媽抱頭痛哭，你可以想像這個背後會延伸出更可怕的心理問題，必定付出更大的心靈代價。許多課程之所以有快速的效果，其實都帶入了大量的套路與手法，這確實可以很快的立竿見影，同時在當事人也急於想要改善關係的前提下，被族群、被集體所創造出來的心理狀態，對當事人而言，自然認為他在課後的作為是出自真心想要改變，卻不知道另一種心理狀態正悄然形成。

有個安靜的女孩子，透過網路參加我的演講，後來幾次演講我都有看到她。有一天，她很開心的跟我說她要去美國了，好不容易貸款了一百多萬元，她終於有錢可以去上課了。這是一位還在念大學的女孩子，準備去美國上心靈成長的課程，課程費用要一百萬，我當時聽到確實驚訝，但還是祝福她，期待她的蛻變，回來一定要跟大家分享收穫。她繼續興奮的說著：

「我跟我媽十幾年的關係真的很不好，我已經沒有辦法再承受媽媽的壓力，所以要好好來調整一下自己才行。老師，我跟你講，這個課程超厲害，好像去上過課的每一個人都跟他們爸媽關係變好了耶，幾乎是全壘打了，超級有效的，我超期待的。」

之後，好久一段時間沒再看到她，事隔一年多又在我的演講場合遇到了她的朋友。我就說：

「唉～上次那個去美國上課的女生呢？她還特地去貸款上課不是嗎？」

「老師你不知道嗎？她跳樓了。她在美國跳樓了。她跟她媽媽道歉完，課程還沒結束，當天晚上就跳樓結束她的生命了。」

「向爸媽道歉」是課程中的功課，必須當天完成。她不知道怎麼做這個功課，她甚至不知道自己到底真正錯在哪裡，但她就是必須完成。她在房間裡面寫下了自己都不能理解，同時還逼迫自己去接受這些尚未消化的所有罪狀，她向母親認錯，告訴母親她是一個多麼失敗的女兒，希望可以獲得母親的諒解，她再也不會這樣了。

全班同學不斷地給了她最棒的支持與鼓勵：

「＊＊＊，妳一定可以的！妳經過這一次之後，就可以突破妳跟妳媽媽之間的關係了！」

所以全班都是共犯。

多麼的令人不捨！這女孩真心想要改善她跟她媽媽的關係，為何最後卻選擇走上不歸路？為什麼不願意給她三五年的時間去慢慢修復關係？為什麼一定要在這十天的課程中就要看到效果？關係為什麼一定這麼用力呢？沒有人看到這女孩還沒準備好嗎？關係的改變是需要時間的，而且是要雙方都是心甘情願與舒服的。

以這麼激烈的方式、這麼用力的改變，就像你早已肥胖了十多年，卻三天就讓你瘦了二十公斤，你會欣喜若狂嗎？還是開始擔心起身體會不會出了問題呢？

在關係中受苦是因為你還有控制

我們絕大部分的痛苦，都來自於關係。**你會在某種關係中受苦，是因為你總想著控制這個關係。凡你想控制的，都會反過來控制你。**親情的關係，友情的關係，工作同事的關係。但我們絕少去審視這些關係，也絕少去看這些關係的本質。事實上，若我們仔細去看這些關係，就會看到：

所謂的親情，大部分只是我們想相互控制和佔有。我們的父母控制和佔有我們，我們再控制和佔有我們的孩子；夫妻之間互相控制和佔有；朋友之間，互相投射，互相尋找存在感。

我們在這樣的關係中往往苦不堪言。或者，你的手段高明，在各種關係中遊刃有餘。但，那依然是很累的，你忙於織補關係的大網，疲於奔命，而那個精心編織的關係之網，總有崩潰的一天。

你希望孩子每天準時回家，這個想法本身已經控制了你，因為他若不按時回家，你就不開心了；然而你的大腦可以理直氣壯的說：我是為了你好，我在意的是你的安全，我擔心的是你是否出了甚麼事情。

你希望你的伴侶一生只愛你一個，這個想法本身也控制了你，因為從此你生活在對方總有一天會愛上別人的恐懼裡；你希望同事都認為你是一個好的合作夥伴、好相處的人，這個想法本身已經控制了你，因為從此你就生活在猜測、討好、自責之中……

一切的關係，莫不如此。你想控制這段關係，想讓它朝你希望的方向發展，此舉已經讓你被這個「想法」所控制了。

解脫之路，如何看清你在這種關係中，餵養出一個什麼樣的自我，然後大力斬斷它。生活，就是一個實修的過程。在一切人、事、物中看到自己，看到自己在貪著什麼。我們總是在塑造、維護各種各樣的角色，耗費大量的能量。

我們在利用各種關係，塑造、維護一個一個「自我／角色」的時候，再深入下去，看看這些自我／角色，本身意味著什麼，是個什麼東西呢？人類一切的行為，都是基於非存在的恐懼。因為不存在，所以才要拼命製造存在感，以此證明自己存在。製造存在感的地方——非常核心的——就是關係。只有清明的看見關係的本質，一切才有解。若不能清明地看見你在這個關係中是如何在餵養某個「自我」，那就是無明。無明就要受苦，道理就是這麼簡單。

就像一個母親對別人說：我為我的孩子操碎了心。是的，她的確做了很多，勞心勞力。但她是在餵養一個「被大眾認可的『良母』」角色（真實的角色比這複雜得多）。那是否可以讓她從此別管孩子了，什麼心都不要操，什麼事都不要做如何？事實上，那會比她「操碎了心」更難受，那會要了她的命，因為她的存在感，正是建立在這樣的基礎之上。

其餘的關係都是同樣的道理。所以，只有看破這個，然後斬斷這些被頭腦持續餵養的關係，才能建立一種全新的、自由的關係。

行為背後是
因為對對方有所期待

我們不能完全脫離關係而存在，我們總是生活在各種關係中。但在關係中，我們既不能「操碎了心」，又不能「完全不關我事」。那就是兩個極端，只要你在這兩個極端這條線上任何一個點作用，你就永遠受關係所束縛，你就永遠在關係中受苦。

解脫在於「超越關係」，既超越操碎了心，也超越放任不管。當你真正清明地看清你在關係中餵養什麼。停止餵養關係，並不意味著你將結束這段關係。

比如，我每天按時回家，在沒有清明的情況下，我是在扮演一個好丈夫的角色，好拿出去對別人吹噓我的忠誠、我的愛家、我的愛妻，而且還隱含著，我這樣做了，我的老婆也必須這樣做，她必須滿足我的期待，她必須對我忠誠，也按時回家，並在別人面前讚揚我是顧家愛老婆新好男人形象的義務。

而當我清明地看到，我超越這種關係，清明地看到後，是否還會每天按時回家呢？不知道！假設，還是每天按時回家。但那只是我喜歡每天按時回家而已，與別人怎麼看我沒有半點關係，也許我甚至還每天送老婆上班，但那只是因為我做這件事很開心，看到她開心我也開心，但並不預設我這樣做了，她必須忠誠於我，也並不預設假使我這樣做了，她就永遠會愛我。

所以，**只有在清明的看見中行動，你才是真正自由的。**真正自由的關係，是你做任何事，不受任何道德觀、社會價值觀的綁架，也不受關係的綁架。

說到底，你還是不想去處理關係，或者不想去面對這些關係，所以你會說：這情況都幾年了，也沒得改了……還是習慣看到人就嚷嚷，然後繼續在關係裡受苦哀嚎。

若真要改善關係，應該要這麼做：

1. 練習當下覺知。
2. 斬斷那些關係的餵養，毫不留情斬斷。
3. 對自己的所思、所言、所行完全負責，成為自己的主人。

當一個成功善意的第三者

請你當一個善意的第三者。

所有事情的發生，有你看不見的第三者存在，只是你不知道。例如今天老闆說：

「電腦怎麼怪怪的？叫負責修電腦的來。」

「他今天不知道在幹嘛，沒看到他。」

如果你這樣講，那就成為很可怕的第三者了。為什麼要這麼傳遞這種訊息？你可能覺得：

「可是我真的不知道他在幹嘛啊！他今天就不知道在幹麻啊。」

對！你不知道他在幹嘛，但你有沒有想過老闆聽完會怎麼想他？你可不可以做一個善意的第三者？你可以說：

「好！老闆我待會去，我確認一下他在幹嘛，我等等去找他。」

試圖當個善意的第三者。我再舉個例子，有個伴手禮要請你轉送，你可不可以說：

「這個是人家排隊半小時買給你的。」而不是：

「這個拿去啦，人家送給你的。」

「這個什麼？」

「我也不知道，不知道好不好吃，你就拿去啦。」

我們好像很自然去扮演這樣的角色，甚至是更可怕的惡意第三者。

所以，請你去扮演一個成功、善意的第三者，而不是：

「哦，你說那個人哦。」

當一群人在聊某人的八卦時，大家一起翻白眼，我們已經將自身的主觀感受透過表情、肢體動作，傳遞給現場的其他人。

這群都不是什麼好東西，都是惡意的第三者，他們只是強化共同討厭某一個人而已，請問你真的認識那個人嗎？請問你真的瞭解嗎？你為什麼要加入這樣的戰局呢？你因為怕被討厭、怕被排擠，所以你只好跟大家一起討厭他？但你心裡是：

「可是我沒有討厭他。」

那你就不要參與這個活動，或改說：

「我覺得他還好欸。」

可是你不敢講。在十人的圓桌飯局上，坐我正對面的是一位長得甜美漂亮的女孩子，大家搶著去跟她拍照，她也親切回應，落落大方，看得出來大家都很喜歡她，原來是網紅，我尷尬地說著自己孤陋寡聞，實在搞不清楚現在的時代到底在流行什麼，也不太懂紅的定義是什麼。沒多久時間，網紅拿到了整桌的發語權，四處跟人說著她怎麼從一個大學生開始走向小資女到現在的網紅，她的心路歷程似乎大家都非常有興趣，我也邊吃邊聽著。後來聊到她的感情世界，餐桌上的人都知道她的情史，鐵粉無誤。她說她最近很困擾，覺得她的男朋友 Allen 真的很糟糕，太宅了，對什麼都沒興趣，大家遺憾的說著真的是一朵鮮花插在牛糞上了，網紅笑開了，為什麼你們這些人都懂我，我男朋友卻這麼不懂得我的心思。

Allen 是一位妝髮師，一手包辦打點著網紅的頭髮、化妝還有衣服等等。網紅從不紅漸漸紅了，卻開始覺得男朋友什麼都不做，還吃我的、住我的、用我的，現在男生是不是都這個樣子啊？為什麼我都會遇到這樣的男孩子啊？很沒有擔當耶。當初搬家也是我自己去找的、吃東西也要我自己去想要吃什麼才好，他好像都置身事外耶。網紅希望男朋友積極、主動、堅強、負責、熱情，這樣他們兩人才會有未來，簡單的三分鐘談話，Allen 已經被現場的人判了死刑，但他自己怎麼死的都不知道。

同桌坐我旁邊的女孩子是 Allen 的大學同學，說 Allen 家裡環境一般般，但大學時期他的藝術創作才華就被老師肯定，畢業之後跟著老師開始從事美髮美妝的行業，持續了好些年的時間。一年半前跟網紅開始交往，網紅說兩個人住在一起可以共同分擔房租，於是 Allen 沒多久也搬了過去和網紅住在一起，最後也離開了老師的工作室，除了接一些零星的案件，其餘時間都在協助女朋友，打造她邁向網紅之路。現場的男子疼惜網紅沒有遇到真正的護花使者，但我聽完網紅的論述，心裡實在有太多的疑慮，於是開口問了網紅幾個問題：

「妳現在住的這房子已經住多久了啊？」

網紅很訝異我怎麼突然開口提問，才注意到有我的存在，她依然微笑說著：

「兩年多了。」

「妳嫂子（我有聽到她說她哥哥去年結婚的事）是不是在家裡都比較安靜，但事實上都是妳嫂子在作主的？」

「對啊，我嫂子跟我們家裡的互動不是很多，但可以看的出來我哥都聽我嫂子的，每次都說要回去問老婆。」網紅及現場的人都開始驚訝我怎麼會知道？

「另外，妳男朋友的案子是不是都是透過妳介紹的比較多呢？但每次妳談得差不多了，把案子讓他接手之後，最後就破局，妳覺得妳花這麼多心思在協助男朋友，但他卻老是讓妳擔心。」

「你怎麼知道？我們上個禮拜才為了一個案子流掉大吵一架，我都幫他談好了，但他不知道怎麼回事，最後大家就是不跟他合作了。」

我前後問了五六個問題，網紅倒也直率地回應我，大家開始圍繞在我身邊，七嘴八舌，你們認識嗎？你怎麼會知道她的這些事情？

「呵呵，就從妳剛剛三五分鐘的談話裡面知道的啊。」網紅表情訝異：

「我說了什麼嗎？我都沒講啊。」

「妳跟妳男朋友在一起一年多，妳剛剛跟我說妳這房子已經租了兩年多了，可是卻在大家面前說妳連租個房子都是自己去找的。兩年前妳或許都還不認識妳男朋友呢！或者當時的妳也有男朋友，那就是前男友的問題，跟現任有什麼關係？但現場的人聽完妳的闡述自然而然會覺得他怎麼可以沒幫妳找房子。所以這麼簡單的對話，要嘛有人不自覺誤導、要嘛有人愚癡盲從，看到黑影就開槍，完全不經大腦思考。

再者，我們每個人在談論到某個人的時候，心裡會不自覺的做了某種投射，最後透過外在，反應在我們的神情、語氣、動作上，我們當下其實是進入對方的角色，模仿揣摩起對方的內心狀態而不自知了。我只是從妳在描述妳嫂子的時候，看到了妳嫂子堅毅與執著的那一面，也看到了妳對妳嫂子充滿了距離與否定的眼神。

試想一下，如果現場有人有機會可以跟妳男朋友有工作上的合作機會，我們已經這樣聽妳形容完妳的男朋友，內心還會有什麼好期待的？所以不是案子到妳男朋友手上就流掉，而是妳介入之後，這案子才被終結的，妳都沒意識到自己在他人面前怎麼評論妳男朋友的，自己就是那個最可怕的第三者，所以妳永遠不解為何男朋友跟客戶之間總是溝通不良，永遠有衝突。

就好比妳和妳媽媽在跟哥哥聊天的過程中，只要聊到哥哥的婚姻，媽媽到底怎麼看待這位媳婦？而妳又是怎麼解讀這位嫂子的？妳們母女倆確實什麼都沒說都沒做，但妳們的表情、語氣、口吻已經透露一切了，當下看著妳們一搭一唱的哥哥，他心裡會怎麼解讀妳們母女倆的弦外之音，他回去之後又要用怎樣的心態去面對理解他的老婆？如果有一天這一對夫妻真的有了小口角或大爭執，他們永遠不會知道到底是誰引起這些爭端的。」

當一個善意的第三者多重要，可是我們都不自覺地成了惡意的第三者。我們心中如果對當事人沒有十足的信任與認同，就會不自覺成了惡意的第三者，縱使是一件美好的事情，也會被我們的眼神態度給破壞掉了。

當衝突發生的時候，中間一定有一個未經覺察的第三者存在，往往就在我們身邊，這個完全不會被人懷疑而且立場客觀的第三者，同時也扮演了否認參與殺人過程的無辜旁觀者，但明明這第三者在一開始就是製造雙方衝突與爭端的人。

你曾經看過兩人相互破口大罵甚至還大打出手的情景嗎？你一定會說是他們自己打起來的。沒錯，那是你看到的，但這其中早已有第三者的存在了。我請網紅再想想看，男朋友跟客戶之間老是有衝突，不就跟街上吵架的場景是一樣的意思嗎？只有找到第三者，衝突才會結束。

「就好像妳哥跟妳嫂子，他們的婚姻關係為何老是吵吵鬧鬧？妳以為只是他們兩的問題嗎？我從妳剛剛描述妳哥跟妳嫂子的互動，我就已經看到聽到這中間有第三者了，妳覺得這第三者是誰？或許還不只一位。」

網紅突然眼睛發亮的說這一頓飯太超值了，衝過來抱住了我：

「謝謝你今天的這一席話，我覺得自己好糟糕喔，我明明愛我的男朋友，明明希望我哥的婚姻是幸福的，但沒想到我卻成了那個惡意的第三者，我其實沒有那個意思，可是我說出來的卻都讓所有的人誤會……」

我們都希望在關係處理上能夠圓滿，但不小心就成了第三者，我們總以為為他人好或只是在無意識地闡述某個事件，最後卻變成積極的製造了某種衝突。這衝突會在不久的某一天快速引爆，我們還覺得遭魚池之殃，其實自己才是這整個事件的煽動者，始作俑者。

在人前送出祝福、給予支持；在人後多說好話、表示認同，嘴裡都是香氣，你就是人人眼中受人歡迎的善意第三者。

堅持到哪，成功就到哪

有一位許久沒見的朋友突然深夜聯繫我，她焦躁不安地說道：

「你知道嗎？我真的活得很辛苦。家人總是在吵架，工作總是問題百出，各種瑣碎問題把我壓得喘不過氣來。我很想逃離這樣的日子……」

她一直有種感覺，在成長的過程中，其他人好像都很清楚自己接下來要做什麼，篤定且有經驗地前行，而她卻沒有任何方向。在聯繫我之前，她掙扎了很久，因為她覺得眼下的生活實在糟糕得難以啟齒，但她又很想迫切地找一個人求證：這樣的自己是否活得太失敗。

我看著對話方塊，聽著她發來的一大段帶著苦惱與委屈的語音，不由自主地嘆了聲氣。

在我看來，我不覺得她有多麼的糟糕，更談不上失敗，聽著她的語音，卻也令我感觸頗多。

成年人的世界，路從來都不好走，生活也從來都不容易過。

「不要去羨慕別人，不要老看清自己，每個人都有自己的獨特。也許你不優秀，但你堅強；

也許你不富裕，但你認真；也許你不漂亮，但你善良。」

「現實的社會，人越來越貪，什麼東西都想要，什麼錢財都敢斂。追求別人的幸福、忌妒人家的財富，為了達到某些目的，不惜出賣自己的尊嚴，甚至算計別人的利益。」

「做人一定要品正，做事一定要穩重，不攀比，不惡口，實實在在做自己。」

「若為大樹，不予草爭；若為蒼鷹，不與鳥比；若為猛虎，不與狼行。」

「按自己的想法去做，去活，不要和他人計較。爭奪，只會讓自己很累又憔悴。」

「人，只活一次，不要和誰比，不要和誰賭。你的生命，你自己做主，舒服的氣候，人生不也如此嗎？自在愜意剛剛好。」

每個人都有自己的艱難和困苦，必須一個人學會去面對，學會單槍匹馬地去戰鬥、去解決。很多時候，不是你哭了，就會有人來安慰，不是你累了，就有人來扶持。人這輩子，總有些路，需要自己走，生活總會有些痛苦，需要自己扛。生活雖苦，但苦不是人生的全部。因為還是有人能在陰溝裡仰望星空，在看過生活的殘酷真相後依然熱愛生活。我們都要學會在生命那些所謂的寒冬裡，一個人度過，不奢求別人，不依賴別人，自己來溫暖自己，自己來治癒自己，自己來給自己力量和勇氣。

「路要自己一步步走，苦要自己一口口吃，抽筋扒皮才能脫胎換骨，除此之外別無捷徑。」

命是弱者的藉口，運是強者的謙辭。人人都羨慕成功，可成功從來不是一步登天，而是聚沙成塔，堅持得來的。無論你今天怎麼用力掃地，明天的落葉還是必須等到明天才會飄下來，世上有很多事是無法提前的，專注眼前，正向提升。**真正的高處，沒有鮮花，沒有掌聲，也沒有回音**。那些實現人生價值，成為榜樣的人，都是踏踏實實地把努力堅持到極致的人。

這個世界上的好運，大多數會在一開始的時候偽裝成了苦累。當你開始堅持，不遺餘力地認真後，你就會發現，所有受過的苦，流過的淚，熬過的夜，都會化作讓你夢寐以求的好運氣，你也可以和那些人一樣。向前走，向前看吧，哪怕前路一片迷茫，哪怕只是憑著慣性繼續向前走。總有一天，你會在自己漫長的腳印中找到方向，等到柳暗花明的那一刻！

很多時候都是自己挖了個坑，然後義無反顧的跳進去。坑是自己挖的，跳也是自己跳的，最後爬不出來的也是自己。一個人把自己交給痛苦，比交給快樂更容易一些。聽別人講話，聽到最後，耳朵裡只會記住兩類話：最願意聽的和最不願意聽的。然後，喜歡聽的未必化成快樂，但不喜歡聽的一定化成了痛苦，其他的都化成了風。風都早已刮過去了，一顆心，卻還在一片無關痛癢的雲彩裡下著雨。不要讓命運為你的貪婪買單，這個世界，有僥倖，但不寬恕僥倖，不要把自己一步步拖到付出代價的境地。生活中一切的罪與非罪，罰與非罰，良心會有知，光陰會有知，天地會有知。不去欺負生活，生活自會安妥地待你。擁有一個清白乾淨的靈魂，無愧過往，不畏將來。

一旦開始自己的事業，切記不要中斷，才能變成你的志業，踏實不悔！二〇〇六年，我在發展還算不錯的外商公司，但是那不是我想要的，毅然決然的離開，我決定要做一個獨立的自由工作者，但接著要去哪裡我根本不知道。當時支持我做這個決定的人「一。個。也。沒。有。」開始的前幾年，比我想像中的還要困難許多，但我沒有想過其他領域，我真的很專注在自己的事業上，再經過幾年的時間，演講、授課、出書、世界各地的邀訪，我終於看到遍地開花的盛況。我當空中飛人，四處與人對話，逢人就推廣，覺得人人都應該來學習，我真的很享受這過程，樂此不疲。我要的不只是錢，而是那種做事業、有價值的感覺，如果我繼續待在外商，我不會有那樣的感覺，也不覺得生活會有多開心快樂，縱使我的收入已經是很多同學的三四倍了。可能有人會有疑問，認為事情都被別人做完了，自己沒有事情可做了。其實不然。

創新？就是在別人做過的事情上，你再往前走一步。不要在乎選擇了哪一條道路，關鍵是要堅持走下去。只要走得比別人更久，就能走出別人所不能達到的距離。只要走得比別人更遠，就能看到別人所不能看到的風景。

到達金字塔頂端的只有兩種動物：

第一是雄鷹，靠一雙翅膀，運用了牠的天賦，輕而易舉飛上了金字塔頂端。

第二是蝸牛，通過巨大努力，最後終於爬到金字塔頂端。

當蝸牛到達金字塔頂端以後，牠所看到的世界和雄鷹是一樣的。

但是如果讓蝸牛和雄鷹同時寫回憶錄，雄鷹要怎麼寫，我不知道，但我相信蝸牛能寫出豐富的點點滴滴。因為牠的每一步，都付出了巨大艱辛，冷暖自知。沒有任何東西是偶然的，我慢慢體悟到老天爺每一次巧妙用心的安排。

每一個今天都會變成昨天，每一個今天都是走向明天的台階。

祝福感恩每一位堅持讀到最後一行的你們，活在當下，行在今日。

心有陽光，何懼人生荒涼！我愛你們所有人。

關係對話：七萬人教會我的事

作　　者／游祥禾
責任編輯／華　華
美術編輯／葉若蒂
文字處理／陳於庭
企畫選書人／賈俊國

總 編 輯／賈俊國
副總編輯／蘇士尹
行銷企畫／張莉榮．廖可筠．蕭羽猜

發 行 人／何飛鵬
法律顧問／元禾法律事務所王子文律師
出　　版／布克文化出版事業部
台北市中山區民生東路二段 141 號 8 樓
電話：(02)2500-7008　傳真：(02)2502-7676
Email：sbooker.service@cite.com.tw
發　　行／英屬蓋曼群島商家庭傳媒股份有限公司城邦分公司
台北市中山區民生東路二段 141 號 B1
書虫客服服務專線：(02)2500-7718；2500-7719
24 小時傳真專線：(02)2500-1990；2500-1991
劃撥帳號：19863813；戶名：書虫股份有限公司
讀者服務信箱：service@readingclub.com.tw
香港發行所／城邦（香港）出版集團有限公司
香港灣仔駱克道 193 號東超商業中心 1 樓
電話：+852-2508-6231　傳真：+852-2578-9337
Email：hkcite@biznetvigator.com
馬新發行所／城邦（馬新）出版集團 Cité (M) Sdn. Bhd.
41, Jalan Radin Anum, Bandar Baru Sri Petaling,
57000 Kuala Lumpur, Malaysia
電話：+603- 9057-8822　傳真：+603- 9057-6622
Email：cite@cite.com.my
印　　刷／卡樂彩色製版印刷有限公司
初　　版／2019 年 06 月
售　　價／新台幣 340 元
I S B N／978-957-9699-95-2

城邦讀書花園 www.cite.com.tw　布克文化 http://blog.sbooker.com

國家圖書館出版品預行編目 (CIP) 資料

關係對話：游祥禾告訴你七萬人教會我的事 / 游祥禾著 . -- 初版 . -- 臺北市：布克文化出版：家庭傳媒城邦分公司發行 , 2019.06　面；　公分

ISBN 978-957-9699-95-2(平裝)

1. 人生哲學 2. 生活指導

191.9　1080100